Gewalt gegen Frauen als Thema der Kirche

Ein Bericht in zwei Teilen

Gütersloher Verlagshaus

Im Auftrag des Rates der Evangelischen Kirche in Deutschland
herausgegeben vom Kirchenamt der EKD

Die Deutsche Bibliothek – CIP-Einheitsaufnahme

Gewalt gegen Frauen als Thema der Kirche: ein Bericht in zwei Teilen /
[im Auftr. des Rates der Evangelischen Kirche in Deutschland
hrsg. vom Kirchenamt der EKD]. –
Gütersloh: Gütersloher Verl.-Haus, 2000
ISBN 3-579-02370-5

ISBN 3-579-02370-5

Umschlagentwurf: Brigitte Willberg, Vockenhausen
Satz: Weserdruckerei Rolf Oesselmann GmbH, Stolzenau
Druck und Bindung: Clausen & Bosse, Leck
Printed in Germany

Inhalt

Teil II

Vorwort

Daß das Thema »Gewalt gegen Frauen« im Raum der Kirche verstärkte Aufmerksamkeit gefunden hat, ist der Ökumenischen Dekade »Kirchen in Solidarität mit den Frauen 1988-1998« zu verdanken. Die Synode der Evangelischen Kirche in Deutschland (EKD) hat im November 1995 eine Studie zu diesem Thema auf den Weg gebracht. Das Ergebnis wird hier veröffentlicht. Es handelt sich um einen Bericht in zwei Teilen. Dies spiegelt die Entstehungsgeschichte wider. Das Arbeitsergebnis einer ersten vom Rat der EKD eingesetzten Kommission war der Synode auf ihrer Tagung im November 1997 präsentiert worden. Die Bearbeitung der theologischen Aspekte des Themas erfolgte in einer zweiten, vom Rat im Mai 1998 eingesetzten Kommission und wurde der Synode zu ihrer Tagung im November 1999 vorgelegt.
In den vielen Berichten über das Schicksal von unterdrückten und mißhandelten Frauen und Mädchen, vielfach auch in ihren Selbstzeugnissen, wird offenkundig, daß Gewalt gegen Frauen oft nicht nur durch gesellschaftliche Konventionen begünstigt und geduldet wird, sondern daß sie auch religiöse Wurzeln hat und teilweise unter Inanspruchnahme von religiösen Traditionen legitimiert wird. Es hat lange gedauert, bis in der Kirche das Problembewußtsein so weit gewachsen war, daß man daran ging, Gewalt gegen Frauen als Thema von Kirche und Theologie zu begreifen und nach Zusammenhängen zwischen Gewalt gegen Frauen und kirchlichen und theologischen Traditionen zu fragen. Der hier vorgelegte Text will helfen, die theologische, pädagogische und seelsorgerliche Kompetenz der Leserinnen und Leser in der Konfrontation mit Gewalt gegen Frauen zu erweitern, er will gewaltüberwindende Prozesse anregen, Auseinandersetzungen mit dem Thema begleiten und die Suche nach Lösungen unterstützen.
Der Rat hofft, daß dieser Text zu konkreten Schritten bei der Überwindung von Gewalt gegen Frauen ermutigt und daß er gerade von Frauen, die selbst Gewalt erlitten haben, als selbstkritische Besinnung der Kirche anerkannt werden kann. Er wünscht dem Text eine breite, vertiefte Aufnahme in Kirche und Öffentlichkeit.
Der Rat dankt denjenigen Frauen und Männern, die ihre seelsorgerlichen Erfahrungen und ihre theologischen und sozialwissen-

schaftlichen Kompetenzen in die Arbeit beider Kommissionen eingebracht haben. Namentlich gedenkt er des Vorsitzenden der zweiten Kommission, Professor Dr. Klaus Winkler, der im Januar dieses Jahres verstorben ist. Er hat wesentlichen Anteil am Gelingen der Arbeit. In einem mündlichen Bericht vor dem Rat hat er von der Hoffnung gesprochen, daß mit dem hier veröffentlichten Bericht ein Text vorliegt, »dessen Worte wirken und mit ihrer Absicht und Tendenz dem Wort entsprechen, das als Evangelium unsere Welterfahrung tröstlich und kritisch zugleich begleitet«.

Hannover, im März 2000

Präses Manfred Kock
Vorsitzender des Rates
der Evangelischen Kirche
in Deutschland

Teil I

Gewalt gegen Frauen

1997

Vorwort

Der Rat legt hier ein Teilergebnis des von der Synode erbetenen Studienvorhabens zum Thema »Gewalt gegen Frauen« vor. Er hatte zur Realisierung der von der Synode ausgesprochenen Bitte auf seiner Sitzung am 23./24. Februar 1996 eine Arbeitsgruppe eingesetzt. Diese Gruppe präsentierte das Ergebnis ihrer Arbeit ein erstes Mal auf der Sitzung des Rates am 5./6. September 1997 und abschließend auf der folgenden Sitzung des Rates am 10./11. Oktober 1997. Der Rat hat den Bericht mit Dank entgegengenommen. Er hat das Kirchenamt gebeten, in einem Vorwort die aus der Sicht des Rates offengebliebenen Fragen zu benennen. Dies soll im folgendem geschehen:

1. Zu dem Studienvorhaben sollte nach dem Willen der Synode auch eine theologische Reflexion gehören, in der die theologischen Traditionen sowohl auf Wurzeln der Gewaltüberwindung wie auf Wurzeln der Gewaltbegünstigung und Gewaltlegitimierung untersucht werden. Es war der vom Rat eingesetzten Gruppe nicht möglich, in dieser Hinsicht ein befriedigendes Ergebnis vorzulegen. Dafür stand zu wenig Zeit zur Verfügung. Auch mangelt es an ausreichender Vorarbeit im Bereich wissenschaftlicher Theologie. In Übereinstimmung mit der Arbeitsgruppe hält der Rat eine gesonderte und vertiefte Reflexion darüber, ob und gegebenenfalls in welcher Weise die biblische und christliche Tradition Gewaltüberwindung einerseits und Gewaltausübung andererseits fördert, für erforderlich. Er hat das Kirchenamt beauftragt, dem neuen Rat dazu einen geeigneten Verfahrensvorschlag zu unterbreiten.

2. Kontrovers sind im Rat die Ausführungen des Berichts zum Gewaltbegriff (S. 6-12) diskutiert worden. Umstritten war dabei vor allem, ob der Begriff der strukturellen und der kulturellen Gewalt tragfähig und hilfreich ist. Auf S. 6 wird Gewalt grundlegend definiert »als jenes Handeln, das bestehende Rechtsverhältnisse aufhebt und die persönliche Integrität von Menschen verletzt«. Die Phänomene , die in dem Bericht als strukturelle und kulturelle Gewalt verstanden werden, lassen sich aber mit der Definition nicht ohne weiteres in Einklang bringen. Hier besteht aus der Sicht des Rates weiterer Klärungsbedarf.

3. Zu kritischen Rückfragen im Rat haben auch die Ausführungen zu »Art und Umfang von Gewalt gegen Frauen« (S. 12-17) Anlaß gegeben. Der Bericht analysiert das »Gewaltpotential im Geschlechterverhältnis als gesellschaftliches Strukturprogramm«. In seinem Verständnis ist Gewalt gegen Frauen »Teil des gesamtgesellschaftlichen Geschehens und verweist auf tieferliegende Ursachen« (S. 13). Im Rat wurden Zweifel laut, ob diese Sicht dem differenzierten Phänomen der Gewalt gegen Frauen schon ausreichend gerecht wird.

4. Ein spezieller Aspekt in diesem Sachzusammenhang sind die Aussagen des Berichts über strukturelle Merkmale von Ehe und Familie als *eine* Ursache von Gewalt gegen Frauen (S. 14ff). Es ist nach Überzeugung des Rates sachgemäßer, durchgängig vergleichbare strukturelle Merkmale auch anderer zwischenmenschlicher Beziehungen im sozialen Nahraum in den Blick zu nehmen.

Die Identifizierung offengebliebener und weiterer Klärung bedürftiger Fragen soll und darf aus der Sicht des Rates nicht daran hindern, die Impulse des hier vorgelegten Berichtes aufzunehmen. Die alltägliche Wirklichkeit von Gewalt gegen Frauen bleibt ein starker Anstoß und eine dringende Aufforderung, sich des Themas anzunehmen. Der Rat teilt die Überzeugung der Arbeitsgruppe: »Eine offene Kommunikation über das Problem und offensive Strategien zu seiner Bearbeitung können dem Bild der Kirche nicht schaden, sondern werden ihm nützen« (S. 47).

Hannover, den 14. Oktober 1997 *Kirchenamt der EKD*

I Einführung

I.1 Beschreibung des Arbeitsauftrages

Das Studienvorhaben geht auf folgenden Beschluß der 6. Tagung der 8. Synode der EKD im November 1995 in Friedrichshafen zurück:
»Die Synode bittet den Rat, ein Studienvorhaben zum Thema ›Gewalt gegen Frauen‹ zu initiieren. Das Frauenstudien- und -bildungszentrum in Gelnhausen (Anna-Paulsen-Haus) soll zusammen mit dem Sozialwissenschaftlichen Institut der EKD, den Frauenreferaten der Gliedkirchen und der EKD, dem Diakonischen Werk der EKD, der Evangelischen Frauenarbeit in Deutschland e.V. sowie der Evangelischen Männerarbeit in Deutschland e.V. das Thema kirchenspezifisch untersuchen.

- Personale, strukturelle und kulturelle Gewalt sowie die Wechselwirkungen zwischen diesen drei Gewaltformen sollten geklärt werden.
- Erfahrungen von erlittener Gewalt aus der Arbeit mit Gewaltopfern sowie aus Projekten und Initiativen zur Linderung und Prävention von Gewalt sollten beschrieben und im Zusammenhang analysiert werden. Hieran sollte sich eine theologische Reflexion anschließen. Dabei sollte in den theologischen Traditionen sowohl nach Wurzeln der Gewaltüberwindung gesucht werden wie nach jenen, die Gewalt begünstigen oder religiös legitimieren.
- Es soll nach Möglichkeiten gesucht werden, die Problematik in den verschiedenen Bereichen der Kirche aufzugreifen und politische Forderungen zur Eindämmung von Gewalt gegen Frauen zu unterstützen.

Die Ergebnisse der bisherigen Vorarbeiten der Frauenreferate der Gliedkirchen sollten dabei aufgenommen werden. Die Arbeit sollte bis 1997 abgeschlossen sein und das Ergebnis der Synode in einem Bericht vorgestellt werden.«
Dieser Beschluß steht im Zusammenhang mit früheren Beschlüssen. Maßgebend für die EKD sind in diesem Zusammenhang:
Die Beschlüsse der *Synode von Bad Krozingen 1989* zur »Gemeinschaft von Frauen und Männern in der Kirche«, in dem es unter 7.2. »Hilfen für Frauen unter besonderen Belastungen« u.a. heißt:

»Körperliche und seelische Mißhandlungen an Frauen und Mädchen müssen heute nicht mehr verschwiegen werden. Probleme der Gewalt an Frauen und Mädchen innerhalb und außerhalb der Familie werden auch öffentlich diskutiert, dies ist gut. Die Ursachen dieser Gewalt sind nicht nur in individuellen, sondern auch in gesellschaftlichen Situationen zu suchen. (...) Die Kirche hat mißhandelte Frauen noch viel zu wenig im Blick.«

Der Beschluß steht zugleich im Kontext der *»Ökumenischen Dekade – Solidarität der Kirchen mit den Frauen (1988 – 1998)«*, deren Ziele u. a. darin bestehen, »Frauen zu befähigen, unterdrückende Strukturen in der Gesellschaft weltweit, in ihrem Land und ihrer Kirche in Frage zu stellen« und »die Kirchen zu veranlassen, sich selbst von Rassismus, Sexismus und Klassendenken sowie von Lehren und Praktiken, die Frauen diskriminieren, zu befreien«; er berücksichtigt insbesondere die Empfehlung der Schlußkonsultation des Ökumenischen Gruppenbesuchs des Ökumenischen Rates der Kirchen (ÖRK) im Februar 1995, kirchenspezifische Forschungsprojekte zur Gewaltproblematik zu initiieren.

Anläßlich der *4. Weltfrauenkonferenz in Peking 1995* haben die mit den Beschlüssen von Bad Krozingen eingegangenen Verpflichtungen zur gerechten Gestaltung der Gemeinschaft von Frauen und Männern eine nochmalige Bekräftigung erfahren durch die Bitte der EKD-Synode 1995 an den Rat, »sich bei der Bundesregierung für die zügige Umsetzung der Ergebnisse der 4. Weltfrauenkonferenz einzusetzen und sich darum zu bemühen, daß sie auch in der kirchlichen Arbeit Anwendung finden.«

Das Thema »Gewalt« war in einem weiteren Diskussionszusammenhang bereits Gegenstand von Beratungen und Beschlüssen im Rat und anderen Gremien der EKD.

Der Beschluß der EKD-Synode 1994 »Zum Engagement gegen die Gewalt« und die Bitte des Rates an die Kammer für Öffentliche Verantwortung, auf dem Hintergrund des von der Jugendkammer vorgelegten Votums »Jugend und Gewalt« die Frage einer umfangreicheren Ausarbeitung sowie gemeinsamer kirchlicher Maßnahmen im Blick auf das Gewaltproblem zu prüfen, waren eine Reaktion auf die eskalierende fremdenfeindliche Gewalt Jugendlicher. Es sollten Bemühungen um Eindämmung und Prävention von Gewalt, die von der Jugendpolitik angestoßen worden waren, unterstützt werden.

Die Diskussion innerhalb der EKD erweiterte sich durch die Einbeziehung des 1994 beschlossenen ÖRK-Programms »to overcome violence«, erbrachte aber für den Problemausschnitt »Gewalt gegen Frauen« keine unmittelbar verwertbaren Ergebnisse.
Der Anstoß zu dem Studienvorhaben »Gewalt gegen Frauen« kam vielmehr aus der kirchlichen und diakonischen Praxis. Mit dem Auftrag, die kirchenspezifischen Aspekte der Problematik zu untersuchen, wird der Tatsache Rechnung getragen, daß trotz zahlreicher Aktivitäten der speziell im Gewaltbereich arbeitenden Einrichtungen das Thema in der breiten kirchlichen Öffentlichkeit kaum diskutiert wird. Der Beschluß der Synode verweist deshalb auf die bereits vorliegenden Arbeiten zum Thema aus Bildungs- und Beratungseinrichtungen, kirchlichen Werken und Verbänden, Frauenreferaten und gliedkirchlichen Arbeitsgruppen und benennt die Einrichtungen, die sich an der Zusammenführung und Auswertung der bisherigen Vorarbeiten beteiligen sollen.
Der Rat hat die Anregung der Synode aufgegriffen und im Februar 1996 eine Arbeitsgruppe zur Durchführung des Studienvorhabens nach einem vom Kirchenamt vorgelegten Konzept mit Verfahrensvorschlag eingesetzt. Diese Koordinierungsgruppe umfaßte Vertreter und Vertreterinnen aller im Synodenbeschluß genannten Institutionen. Darüber hinaus wurden die Kammer für Öffentliche Verantwortung und die Ökumenische Projektgruppe zur Dekade gebeten, sich durch Entsendung eines Mitglieds an dem Vorhaben zu beteiligen.
Mit der knappen Terminierung wurde die Dringlichkeit der mit dem Studienvorhaben intendierten Auseinandersetzung unterstrichen. Zum anderen sollte gewährleistet sein, daß erste Ergebnisse des Studienvorhabens als Beitrag der EKD in die Endauswertung der Ökumenischen Dekade »Solidarität der Kirchen mit den Frauen (1988 – 1998)« zur 8. Vollversammlung des ÖRK aufgenommen werden können.
Angesichts der begrenzten zeitlichen und personellen Ressourcen konzentrierte sich die Koordinierungsgruppe auf folgende Aufgabenschwerpunkte:

- Klärung der Gewaltbegriffe
- Auswertung der Erfahrungen aus der Arbeit mit Gewaltopfern sowie aus Projekten zur Prävention von Gewalt
- Reflexion der Leitbilder in Theologie und Kirche, die die Einstellung zu Gewalt prägen

- Aufzeigen von Handlungsansätzen zu Gewaltprävention im kirchlichen und allgemein politischen Bereich.

Durch die Zusammensetzung der Koordinierungsgruppe war die Möglichkeit eines interdisziplinären Ansatzes gegeben, der an Erkenntnisse aus den einschlägigen kirchlichen Arbeitsfeldern anknüpft und diese sowohl mit der theologisch-ethischen als mit der sozialwissenschaftlichen Diskussion zu vermitteln versucht.
Die Koordinierungsgruppe konstituierte sich im Mai 1996. Sie traf sich insgesamt fünfmal und führte eine Konsultation durch. Die Bestandsaufnahme wurde im Werkvertrag erstellt.

I.2 Möglichkeiten und Grenzen dieses Berichtes

Der Beschluß der Synode und der Auftrag des Rates zur Durchführung dieses Studienvorhabens wurde vor allem von Frauen und ihren Verbänden und Einrichtungen in der Kirche dankbar begrüßt. Viele haben sich seit langem mit dem Thema »Gewalt gegen Frauen« beschäftigt und darauf gewartet, daß die verfaßte Kirche und ihre Gremien es auf die Tagesordnung setzen. Im kirchlichen Bereich hat es seinen Tabu-Charakter noch nicht ganz verloren – anders als in der Gesellschaft insgesamt, die sich spätestens seit der Gründung des ersten autonomen Frauenhauses 1976 in Berlin praktisch, politisch und wissenschaftlich damit auseinandersetzen mußte. Es gibt in der Kirche eine Diskrepanz in der Problemwahrnehmung zwischen der Diakonie und einem großen Teil der kirchlichen Frauenbewegung einerseits und kirchlichen Gremien und Leitungsorganen sowie der wissenschaftlichen Theologie andererseits, die zu überwinden ein gesamtkirchliches Interesse ist. Das Studienvorhaben ist ein wichtiger Schritt dazu; der vorliegende Bericht ein erster Baustein. Bei seiner Bearbeitung stießen die Beteiligten auf grundsätzliche Fragen und Schwierigkeiten, die dem Thema immanent sind, aber auch einiges mit der kirchlich-theologischen Perspektive auf das Thema zu tun haben.
Gemäß dem Ratsauftrag handelt der Bericht von Gewalt gegen Frauen; er geht nicht näher auf das damit zusammenhängende Problem von Gewalt gegen Kinder in ihrer sexistischen Ausprägung des »Mißbrauchs« ein. Sexuelle Gewalt gegen Jungen und Partnergewalt von Frauen gegen Männer werden nicht behandelt, obwohl es sie, wie

wir wissen, auch gibt. Die empirische Häufigkeit von Gewalt gegen Frauen durch Männer und ihre strukturelle Verankerung in unserer Gesellschaft machen zunächst die Focussierung auf dieses Problem notwendig.

Gewalt gegen Frauen aus der Perspektive der Opfer zu betrachten, darf nicht bedeuten, sie als »Frauenthema« zu definieren. Die Beiträge von Männern bzw. der Männerarbeit für das Studienvorhaben sind unverzichtbar. Die Diskussionen in der Koordinierungsgruppe und während einer Konsultation haben exemplarisch die Chancen und Schwierigkeiten eines Dialogs von Frauen und Männern über dieses Thema erkennen lassen. Es gibt ein vielfältiges Engagement von Männern gegen Männergewalt und es gibt – individuell betrachtet – keine geschlechtsspezifischen Unterschiede in der Verurteilung von Gewalt. Gleichwohl gibt es immer wieder Kommunikationsbarrieren und Widerstände, wenn in einer patriarchatskritischen Sicht dem männlichen Geschlecht eine höhere Gewaltbereitschaft zugeschrieben wird. Männer wollen – zurecht – nicht pauschal auf die Täterseite gestellt werden. Gerade die gegen Gewalt Engagierten empfinden den Dialog mit Frauen mitunter als schwierig, wenn die Ebenen der gesellschaftlich-strukturellen Analyse und die der individuellen Verantwortlichkeit nicht sauber getrennt werden.

Die komplexe Wechselwirkung zwischen gesellschaftlichen Rahmenbedingungen und individueller Verantwortung ist mit dem Begriff »strukturelle Gewalt« umschrieben. Der Bericht enthält in Kapitel II eine Orientierung über die verschiedenen Gewaltbegriffe und versucht, sie soweit zu klären, wie es für diesen Zusammenhang erforderlich ist.

Die Vielschichtigkeit von Gewaltformen und Gewalterfahrungen wird aber immer – außer im Falle physischer Gewalt – zu Definitions- und Abgrenzungsproblemen führen, die auch dieser Bericht nicht lösen kann. Er referiert den Stand der sozialwissenschaftlichen Diskussion, wohlwissend, daß unterschiedliche Verständnisse damit nicht aufgehoben sind.

Der Auftrag, das Thema »Gewalt gegen Frauen« *kirchenspezifisch* zu untersuchen, beinhaltet – jedenfalls nach dem Verständnis der Koordinierungsgruppe – auch den Blick auf innerkirchliches Gewaltgeschehen. Dieses stieß auf Schwierigkeiten. Es gibt keine verläßlichen Daten über Art und Umfang von Gewalt gegen Frauen im kirchlichen Bereich, was nicht heißt, daß es das Problem an sich nicht gäbe. So kann es eine Chance des Studienvorhabens sein, dieses ins Bewußtsein zu rufen, zu bearbeiten und für Abhilfe zu sorgen.

Den größten Teil des Textes macht die Bestandsaufnahme zu kirchlichen und diakonischen Aktivitäten aus. Sie sind ein eindrucksvoller Beleg für das schon seit langem bestehende Engagement der Kirchen in diesem Problemfeld, bezogen auf die Gesellschaft als Ganzes. Das als Anlage beigefügte Materialheft soll einen Eindruck von der Vielfalt der kirchlichen Aktivitäten vor Ort geben. Der Text verweist immer dann darauf, wenn ein einzelnes Projekt exemplarischen Charakter hatte.

Mit dem Teil des Synodenauftrags, der eine Reflexion von prägenden theologischen und kirchlichen Leitbildern zum Umgang mit Gewalt wünschte, stieß die Koordinierungsgruppe an die Grenzen dessen, was unter den gegebenen zeitlichen und personellen Bedingungen leistbar war. Im Februar 1997 führte sie eine Konsultation mit Vertreterinnen und Vertretern aller theologischen Disziplinen zu diesem Thema durch[1]. Trotz beachtlicher Einzelergebnisse wurde deutlich, daß im Rahmen dieses Berichts der Auftrag der Synode zur theologischen Reflexion nicht hinreichend erfüllt werden kann. Der Bedarf an theologischer Grundlagenforschung, an theologisch fundierter Reflexion und theologisch begründeten Handlungsmaximen zu diesem Themen- und Problemkomplex ist so groß, daß eine gesonderte und vertiefte Behandlung dringlich erscheint. So hat sich die Koordinierungsgruppe – wenn auch mit großen Bedenken – entschlossen, diesen Teil zunächst auszuklammern und einen weiterführenden Auftrag an eine neu zusammengesetzte Arbeitsgruppe zu erbitten. Um den Fragehorizont anzudeuten, wurde in den Bericht ein Exkurs aufgenommen. Es ist die vergleichende Zusammenfassung von Positionen der Evangelischen Frauenarbeit in Deutschland (EFD) und der Männerarbeit der EKD.

Schon während der bisherigen Bearbeitung des Themas wurde deutlich, welch große Hoffnungen und Erwartungen sich daran knüpfen, daß die Evangelische Kirche in Deutschland, wie auch schon viele Landeskirchen und die Ökumene, einen mutigen Blick auf

1. Vg. Epd-Dokumentation 17/97 und 17a/97. Gewalt gegen Frauen – theologische Aspekte, Frankfurt/M.

diesen Teil der gesellschaftlichen und kirchlichen Wirklichkeit richtet, der wie kein anderer einer Gemeinschaft von Frauen und Männern entgegensteht.

II Sozialwissenschaftliche Grundlagen

II.1 Zum Gewaltbegriff

Den Begriff »Gewalt« umgibt eine merkwürdige, doch charakteristische »Diffusität«, die er übrigens – und das nicht zufällig – mit dem Macht- und dem Herrschaftsbegriff teilt. Das beginnt bereits bei den Konnotationen: Diese reichen vom Mord bis zu den Verfassungsgewalten Legislative, Exekutive und Jurisdiktion. Das endet mit den Schwierigkeiten, sich auf allseits akzeptierte Kriterien und die Abgrenzung der Begriffe Macht, Zwang und Herrschaft zu einigen. Unser Thema erlaubt eine grundlegende Einschränkung: Gewalt soll hier verstanden werden als jenes Handeln, das bestehende Rechtsverhältnisse aufhebt und die persönliche Integrität von Menschen verletzt. Damit ist bewußt jene im Zusammenhang von politischer Herrschaft zu diskutierende Ebene ausgeklammert, die die Legitimation des Staates und seiner Institutionen meint, im Interesse des gesellschaftlichen und sozialen Friedens rechtlich begrenzt mit Zwangsmitteln gegen Gewalttaten einzelner und von Gruppen vorzugehen, sie zu verbieten, zu verhindern und zu ahnden. Zugleich bleiben alle Fragen von Gewalt unberücksichtigt, die sich gegen Sachen, gegen die Umwelt und gegen Kreaturen richtet.
Gewalt ist ein moralisch stark belasteter und emotional hoch besetzter Begriff. Das macht die Definition nicht einfacher. Denn häufig sind eigene – ob als Opfer oder als Täter/in gemachte – Erfahrungen berührt. Damit hängt wohl auch jene Eindeutigkeit und Rigorosität zusammen, die den Gebrauch des Wortes »Gewalt« trotz der mit ihm verbundenen Unklarheit in der öffentlichen Diskussion kennzeichnen und mit denen Gewalt überwiegend abgelehnt wird[2]. Dieses relativiert sich erfahrungsgemäß allerdings meist dann, wenn es um *konkrete* Fälle oder *eigenes* Verhalten geht: Gewalt ist meist das Handeln *anderer*, eigenes dagegen wird eher verharmlost.

2. *H.-D. Schwind, J. Baumann u.a. (Hrsg.):* Ursachen, Prävention und Kontrolle von Gewalt. Analysen und Vorschläge der Unabhängigen Regierungskommission zur Verhinderung und Bekämpfung von Gewalt (Gewaltkommission), Band I, nennen für politische Gewalt Werte um 95 Prozent; die Shell-Studie »Jugend '92« gelangt für Jugendliche sogar zu Werten um 98 Prozent.

Gewalthandeln und Gewaltfolgen

Der Begriff »Gewalt« umschreibt ein vielschichtiges Geschehen zwischen zwei oder mehreren Menschen.

Wie bei allen in der Literatur diskutierten Gewaltdefinitionen knüpfen auch wir primär an den Faktor des *Handelns* an und unterscheiden zwischen personaler und struktureller Gewalt als Grundtypen.

Personale Gewalt läßt sich bestimmen als ein soziales, also auf eine oder mehrere Personen bezogenes Handeln, welches sich »einerlei ob als äußeres oder innerliches Tun, Unterlassen oder Dulden«[3] in zerstörerischer oder verletzender Weise gegen die körperliche, seelische und soziale Integrität menschlicher Subjekte richtet. Täter/innen sind Einzelpersonen, Gruppen oder ganze Ethnien. Ursachen, Gründe und Motive sind jeweils in subjektiven, zur Person von Tätern zu rechnenden und/oder in objektiven, äußeren Umständen zu lokalisieren.

Physische Gewalt ist eine Teilmenge der personalen Gewalt. Sie markiert ein *enges* Gewaltverständnis, das Gewalt auf persönliche Täterschaft und auf das Zufügen körperlicher Schäden, im extremsten Fall mit Todesfolge, begrenzt. *Psychische Gewalt*, nach unserer Definition ebenfalls eine Teilmenge der personalen Gewalt, fordert dagegen ein *erweitertes* Gewaltverständnis. Dieses schließt auch alles Handeln ein, welches sich in *indirekter* Weise, symbolisch, sprachlich, gestisch, durch Abwerten, Beleidigen, Belästigen, Herabsetzen, Demütigen oder Drohen auf die psychische Verletzung oder Nötigung des Opfers oder der Opfer richtet, »auf die Verminderung der geistigen Möglichkeiten«[4], wofür nicht selten bereits die bloße Realität eines latenten Gewaltpotentials genügt.

Gewalt, im *weiten* Sinne verstanden, schließt *strukturelle Gewalt* ein. Diese wird im gesellschaftlichen Kontext nicht selten als anonyme, aber »normale« Macht erlebt, da sie in Form alltäglicher, mehr oder minder einschneidender Benachteiligungen und Diskriminierungen daherkommt. Addieren sich diese zuungunsten einzelner Personen oder ganzer gesellschaftlicher Gruppen – was für Frauen gehäuft gilt – können sie alle Attribute der Gewalt annehmen: Die Opfer werden zu *Objekten* struktureller Zwänge und erleiden Schaden an

3. *M. Weber:* Wirtschaft und Gesellschaft. Grundriß der verstehenden Soziologie. Tübingen 1972, S. 1.
4. *J. Galtung:* Strukturelle Gewalt. Beiträge zur Friedens- und Konfliktforschung. Reinbek 1975, S. 11.

Leib, Leben und personaler Würde. Zum Beispiel: »In einer Gesellschaft, in der die Lebenserwartung der Oberschicht doppelt so hoch ist wie die der Unterschicht, (ist) Gewalt manifest, auch wenn keine konkreten Akteure sichtbar sind.«[5]

Ein Verständnis, das auch die *strukturellen* Gewaltmomente in der Gesellschaft berücksichtigt, faßt Gewalt nicht allein als personale, sondern auch als strukturelle Kategorie auf. Das bedeutet im einzelnen:

1. Personale und strukturelle Elemente der Gewalt hängen zusammen. Denn Spuren struktureller Elemente finden sich ebenso in der personalen Gewalt wie personale Elemente in der strukturellen:

1.1 Gewalttäter handeln großenteils aufgrund äußerer struktureller Bedingungen, entweder indem sie diese im Laufe ihrer Sozialisation verinnerlicht haben (z.B. erlernte geschlechtsspezifische Rollenmuster, kulturelle oder religiöse Normen und Werte, aggressive Verhaltensweisen, Strategien und Fähigkeiten der Konfliktvermeidung oder Konfliktlösung), oder indem sie jeweils aktuellen strukturellen Zwängen und Statuspositionen folgen (z.B. Machtüberlegenheit, gesetzliche Normen und Regeln, statusbedingten Rollenerwartungen).[6]

1.2 Strukturen andererseits sind keineswegs menschenferne Abstraktionen und Funktionen, sondern sind »die Summe und das unbeabsichtigte Ergebnis zahlloser Entscheidungen zahlloser Menschen«[7]. Sie werden tagtäglich im gesellschaftlichen Zusammenspiel durch die aggregierte und konzentrierte Aktion von Menschen konstruiert, produziert und reproduziert (z.B. durch Erziehung, durch Erfüllen von Rollenmustern, Bräuchen, Anwenden von Ritualen, Vorschriften, Gesetzen o.ä.). Insofern sind sie »den Individuen nicht ‚äußerlich‹: in der Form von Erinnerungsspuren und als in sozialen Praktiken verwirklicht, ... in gewissem Sinne ihren Aktivitäten eher ›inwendig‹.«[8] Das gilt insbesondere für die strukturellen Momente in kulturellen und religiösen Kontexten.

2. Personale und strukturelle Elemente der Gewalt lassen sich andererseits aber auch voneinander unterscheiden:

5. ebd., S. 13.
6. Vgl. ebd., S. 23f.
7. *C.W. Mills:* Politik ohne Verantwortung. München 1963, S. 20.
8. *A. Giddens:* Die Konstitution der Gesellschaft. Grundzüge einer Theorie der Strukturierung. Frankfurt/M 1995, S. 78.

2.1 Die Handlungsweisen differieren grundlegend. Strukturelle Gewalt wird ohne *direkten* personalen und interaktiven Übergriff auf die Integrität des Opfers ausgeübt. »Der Unterschied ... ist der ... zwischen Gewalt, die die Menschen als *direktes* Resultat der Aktionen anderer trifft, und Gewalt, die sie *indirekt* trifft ... Die Antwort liegt im qualitativen Unterschied der Aktionen.«[9] Oftmals ist es das gesellschaftliche oder institutionelle »Klima«, das bürokratische Entscheidungsabläufe trotz eindeutiger legaler Vorgaben und Verordnungen grundlegend beeinflußt. Jeder Klient von Sozialämtern kennt dies.[10]

2.2 Auch die Subjekte des Handelns sind unterschiedlich. Bei personaler Gewalt sind es identifizierbare Täter, bei struktureller Gewalt dagegen Institutionen und Systeme, bei denen persönliche Akteure mehr oder minder anonymisiert und bewußt mitwirken und – je nach Funktion und Herrschaftsnähe – weitgehend *austauschbar* sind.

3. Gewalt ist damit nicht allein eine individual- und personalethische Kategorie, sondern auch eine sozial- und politikethische:

3.1 Bei personaler Gewalt läßt sich die Frage der ethischen Bewertung relativ eindeutig beantworten. Jeder Verstoß von einem/einer oder mehreren persönlich Agierenden gegen bestehende Rechtsverhältnisse, insbesondere der Übergriff auf die persönliche Integrität eines oder einer anderen, ist als Gewalt zu werten; vor allem dann, wenn die Tat *bewußt* ausgeführt und die Folgen *bewußt* intendiert sind. Schwieriger wird die Frage allerdings, wenn die Handlung *unbewußt* vollzogen wurde oder die Folgen beziehungsweise Nebenfolgen *unbeabsichtigt* sind, wenn die Gewalttat also einen *indirekten* Verlauf nimmt. Hier läßt sich das Problem der subjektiven ethischen Verantwortung in der Regel nur im Einzelfall klären, während dagegen die ethische Bewertung der *Folgen* auch in diesen Fällen eindeutig bleibt: Erst in ihren Folgen, im persönlichen Leid der Opfer verliert jede Form von Gewalt ihre Anonymität und Abstraktheit, erhält sie ein Gesicht, das Gesicht der Opfer. Hier wie dort haben wir also von *personalen* Opfern und von ihrem Leiden zu sprechen, ob dessen Ausmaß und Qualität nun *gewollt* oder *ungewollt*, *bewußt* oder *unbewußt* war.

9. *J. Galtung*, a.a.O., S. 23f.
10. Vgl. *P. M. Blau:* Structural Effects. In: American Sociological Review 25/1960, S. 178-193.

3.2 Bei strukturellem Handeln ist die ethische Frage auf der Täter- wie auf der Handlungsebene schwer zu beantworten. Denn Strukturen sind kollektive Konstrukte und Produkte, an deren Reproduktion *alle* mehr oder minder bewußt und aktiv teilhaben. Ethisch lassen sie sich nicht in die Verantwortung nehmen, denn personale Akteure treten hinter der strukturellen Anonymität zurück und, soweit sie doch auszumachen sind, stellt sich das Problem ihrer Eingebundenheit in das strukturelle Gefüge, dessen Eigendynamik und dessen funktionale Zwänge. »Der Handlungsstrom produziert kontinuierlich Folgen, die die Akteure nicht beabsichtigt haben, und diese unbeabsichtigten Folgen können sich auch, vermittelt über Rückkoppelungsprozesse, wiederum als nichteingestandene Bedingungen weiteren Handelns darstellen.«[11] Im allgemeinen – so läßt sich deshalb formulieren – erschwert sich mit zunehmender raumzeitlicher Entfernung der Handlungsfolgen vom Handlungskontext die Zurechnung der persönlichen Verantwortung und das Risiko von Fehlentwicklungen erhöht sich.

Entscheidend beeinflußt wird die *Kontrollierbarkeit* möglicher Handlungseffekte »durch den jeweiligen Horizont der Bewußtheit der Akteure als auch durch die Macht, die sie mobilisieren können.«[12] Im Einzelfall wäre also zu prüfen, ob es der handelnden Person möglich war, wenigstens kognitiv eine Reflexionsebene zu erreichen, die es ihr erlaubt, das eigene Handeln und seine Folgen ethisch zu reflektieren und zu legitimieren. Bedeutsamer als diese subjektorientierte Betrachtungsweise, die auf die Klärung individualethischer Verantwortung und Legitimation zielt, ist jedoch die Makroebene *sozial-* und *politikethischen* Fragens, zumal es um strukturelle *Ursachen* geht, vor allem darum, wer einseitigen *Vorteil* aus den Folgen, aus *systematischen* Benachteiligungen und Diskriminierungen zieht. Zu stellen also sind Fragen nach der *politischen* und *sozialen Verantwortung* und *Verpflichtung*, nach der rechten *Gestaltung* von Systemen und Strukturen[13], nach *Werten* und *Normen*, nach der *sozialen Gerechtigkeit* und dem *sozialen Frieden*.

11. *J. Galtung,* a.a.O., S. 79.
12. *A. Giddens,* a.a.O., S. 62.
13. Vgl. *A. Rich:* Christliche Existenz in der industriellen Welt. Eine Einführung in die sozialethischen Grundfragen der industriellen Arbeitswelt. 2. Auflage. Zürich/Stuttgart 1964; ders.: Aufrisse, Vorarbeiten zum sozialethischen Denken. Zürich 1970.

Das Gewaltproblem, insbesondere in seiner Zuspitzung als Gewalt gegen Frauen, ist eng mit kulturellen, ideologischen und religiösen Faktoren verbunden. Dafür wurde unter anderem der Begriff der *kulturellen Gewalt* geprägt.[14] Er macht auf die grundlegende Rolle von Kultur und Religion als normative Instanzen, aber auch als Medium und Ursache von Benachteiligungs-, Diskriminierungs-, Ausbeutungs- und Unterdrückungsverhältnissen personaler und struktureller Art aufmerksam, die Gewalt begünstigen. Sie soll hier als Variante struktureller Gewalt in kulturellen Verhältnissen und Bezügen verstanden werden.

Angesichts der dargelegten größeren Uneindeutigkeit auf der Handlungsebene und der offensichtlicheren Brutalität körperlicher Gewalt wird strukturelle Gewalt vielerorts verdrängt, ihre gewalthafte Qualität gar in Abrede gestellt. Dagegen jedoch spricht, daß Opfer Gewalt sowohl durch brutales Zufügen physischer oder psychischer Verletzungen erleben und erleiden können als auch durch gewaltsame strukturelle Effekte, wie zum Beispiel durch Verarmungsprozesse, Arbeitslosigkeit, durch Entzug, Vorenthalten oder Einschränken von in einer Gesellschaft lebensnotwendigen materiellen oder sozialen Ressourcen. Hier wie dort erleiden Opfer tendenziell das Gleiche:

- die Abwertung zu Objekten externen Zwangs
- die Ausweglosigkeit ihrer Lebenslagen
- die Begrenzung ihrer Handlungsmöglichkeiten auf ein absolutes Minimum
- den Schaden an Leib, Leben und/oder an ihrer personalen Würde.

Auch die physischen und psychischen Traumata ähneln sich: existentielle Betroffenheit, grundlegende Verunsicherung, anhaltende Ängste, Gefühle der beständigen Bedrohung und der Hoffnungslosigkeit, verbunden mit gravierenden psychischen und psychosomatischen Beschwerden und Erkrankungen, Schlafstörungen und Appetitlosigkeit, Herz- und Kreislauferkrankungen, durch Fehl- oder Unterernährung verkürzte Lebenserwartung und erhöhte Suizidraten.[15]

14. Vgl. *J. Galtung:* Cultural Violence. In: Journal of Peace Research. 3/ 1990, S. 291.
15. Vgl. *L. H. Margolis / D. Farrau:* Unemployment: The Health Consequences in Children. North Carolina Medical Journal 12/1981, S. 849-850; A. Klocke, K. Hurrelmann: Armut und Gesundheit. Inwieweit sind Kinder und Jugendliche betroffen?, Zeitschrift für Gesundheitswissenschaften. 2. Beiheft 1995, S. 138-151; E. Barlösius, E. Feichtinger u.a. (Hrsg): Ernährung in der Armut. Gesundheitliche, soziale und kulturelle Folgen in der Bundesrepublik Deutschland. Berlin 1995.

Nicht zuletzt wegen der *qualitativen Ähnlichkeit der Folgen* für die Opfer rechtfertigt sich der weite Gewaltbegriff. Daneben bestehen aber auch vielfältige Überschneidungen und Zusammenhänge der verschiedenen Gewaltformen: so erhöht sich zum Beispiel für Opfer struktureller Gewalt das Risiko, auch noch Opfer personaler Gewalt zu werden.

Gewaltasymmetrie und Gewaltpotenz

Beim Thema »Gewalt« ist immer auch die Frage von Machtverhältnissen und Machtstrukturen angesprochen, immer geht es grundlegend um asymmetrische Beziehungen. So ist Gewalt in Geschlechterverhältnissen in der Regel weniger »Ausdruck blinder Raserei, sondern die Manifestation der absoluten Kontrolle über die Frau«[16]. Macht und Gewalt liegen gedanklich eng beieinander, oft so nahe, daß sie nicht nur umgangssprachlich, sondern auch in der wissenschaftlichen Theorie gleichgesetzt werden, etwa indem definiert wird, Gewalt sei »nichts weiter als die eklatante Manifestation von Macht«[17].

Wenn Macht – wie *Max Weber* definiert – die Chance ist, Zwang ausüben zu können, nämlich »innerhalb einer sozialen Beziehung den eigenen Willen auch gegen Widerstreben durchzusetzen, gleichviel worauf diese Chance beruht«[18], dann liegt in dieser Asymmetrie, soweit es sich um das Vermögen handelt, das Widerstreben anderer zu brechen, bereits ein Moment von Gewalt. Doch darf hieraus nicht geschlossen werden, Macht sei identisch mit Gewalt, vielmehr hat sie, um zwei Extreme zu nennen, die Potenz sowohl zum fürsorglichen wie auch zum violenten Handeln. Denn über das Vermögen hinaus, Zwang auszuüben, impliziert sie auch:

- einen kommunikativen Aspekt, nämlich die Fähigkeit, »sich mit anderen zusammenzuschließen und im Einvernehmen mit ihnen zu handeln«[19], so *Hannah Arendt* und

16. *E. Lundgren:* Die Normalisierung der Gewalt. Zwei Partner – zwei Strategien. Zitiert nach G. Petterson: Die Macht haben nach wie vor die Männer. In Schweden gibt es ein großes Problem: Gewalt gegen Frauen. In: Frankfurter Rundschau vom 3.5.97.
17. *H. Arendt:* Macht und Gewalt (1970). München 1996, S. 36. Die Wortbedeutungen von Gewalt und Macht überschneiden sich teilweise im Sinne von Kraft, Stärke, Vermögen (vgl. Deutsches Wörterbuch von Jacob und Wilhelm Grimm. Band 6. München 1991, Sp. 4955ff). Dennoch wollen wir die Begriffe eindeutig voneinander trennen.
18. *M. Weber,* a.a.O., S. 28f.
19. *H. Arendt,* a.a.O., S. 45.

- einen handlungstheoretischen Aspekt, nämlich das Vermögen, »selbstgesetzte Ziele zu verwirklichen und die dafür notwendigen Mittel zu entwickeln, bereitzustellen und einzusetzen«[20], so *Wolfgang Huber*, oder ganz allgemein: »einen Unterschied herzustellen zu einem vorher existierenden Zustand oder Ereignisablauf«[21], so *Anthony Giddens*.

Die Bedeutung von Macht beruht also auf der Asymmetrie im Beziehungsverhältnis und auf der Potenz der Machthaberin bzw. des Machthabers, die Ressourcen der Macht einsetzen zu können. Der primäre Akzent der Gewalt liegt dagegen auf dem gewalthaften Einsatz der Macht, also der violenten Art des Handelns und dessen Folgen.

Soziale Strukturen sind wesentlicher Teil des gesellschaftlichen Machtgefüges, indem sie Macht generieren, zuweisen und legitimieren:

- Sie wirken einschränkend beziehungsweise steuernd auf menschliches Denken und Handeln, auf kulturelle und religiöse Orientierungen und Sinnbezüge und auf die Verteilung sozialer Chancen und Möglichkeiten;
- sie steigern und eröffnen auf individueller wie auf kollektiver Ebene Wahlmöglichkeiten und Durchsetzungschancen menschlichen Handelns;
- sie können *de facto* unbeabsichtigte und unvorhersehbare Effekte hervorbringen, die von menschlichen Akteuren weder geplant noch gewollt sind;
- in sie werden partikulare Herrschaftsinteressen »eingebaut«, die dadurch Legitimation und Durchsetzbarkeit erfahren;
- sie sind als »Bewahrer« und Stabilisatoren strukturierter Gegebenheiten widerständig gegen Wandlungsprozesse.

Wichtigstes Machtmerkmal von Sozialstrukturen ist deshalb ihre »Dualität«[22], also ihr Vermögen und ihre Offenheit, gleichzeitig Handlungsmöglichkeiten zu determinieren und zu eröffnen: »Struktur darf nicht mit Zwang gleichgesetzt werden; sie schränkt Handeln nicht nur ein, sondern ermöglicht es auch. Dennoch kann man sagen, daß die strukturellen Momente sozialer Systeme so weit in Raum und Zeit ausgreifen, daß sie sich der Kontrolle eines jeden

20. *W. Huber:* Die tägliche Gewalt. Gegen den Ausverkauf der Menschenwürde. Freiburg 1993, S. 162.
21. *A. Giddens:* Konstitution der Gesellschaft, a.a.O., S. 66.
22. Vgl. *A. Giddens,* a.a.O.

individuellen Akteurs entziehen.«[23] Strukturelle Macht allerdings schlägt in Gewalt um, wenn sie ihre Dualität einbüßt, indem sie ihre handlungsermöglichende Qualität verliert und damit das Risiko wächst, daß aus menschlichen Subjekten ohnmächtige Objekte struktureller Zwänge werden.

Personale oder strukturelle Machtkonstellationen durchziehen mit unterschiedlicher Legitimation und Durchsetzungschance, mit unterschiedlicher Eindeutigkeit und Strategie die verschiedenen Ebenen der Gesellschaft, die Familien, die Gruppen und Institutionen. Das Risiko für Fehlentwicklungen und Mißbrauch von Macht wächst mit der Asymmetrie in sozialen Verhältnissen und Beziehungen, mit dem Gefälle von einseitiger Mächtigkeit und ohnmächtiger Abhängigkeit. Die hohe Zahl von Gewaltübergriffen auf Frauen in den Nahräumen menschlichen Zusammenlebens, in Familien und Partnerschaften, sind dafür typische Beispiele. Hier treffen besonders deutlich Reste von Positionsmacht in Form traditioneller Herrschaftsprivilegien, finanzielle Überlegenheit und körperliche Kraft von Männern auf objektive und subjektive Unterlegenheit von Frauen; mit der Folge eines überproportionalen Risikos von Frauen, als Schwächere Opfer von männlicher Machtanmaßung, -mißbrauch und -überschreitung zu werden. Im extremsten Fall immer dadurch, daß grundlegende, unveräußerliche Menschenrechte auf persönliche körperliche, seelische und soziale *Integrität, Freiheit, Gleichheit* und *Würde*[24] verletzt werden. Spätestens damit pervertiert Macht zu Gewalt.

Gefahren für Machtmißbrauch und Gewalteskalationen in asymmetrischen Beziehungen lauern in nahezu allen Lebensbereichen: im Arbeitsleben (Mobbing und sexuelle Belästigungen), in kulturellen und religiösen Hierarchien (Mißbrauch von Abhängigen durch Lehrer, Erzieher und Pfarrer), in materieller und/oder sozialer Abhängigkeit (Gewalt gegen Ehefrauen, Behinderte, Obdachlose und Arme), in therapeutischen Beziehungen (Mißbrauch von Patientinnen/ Patienten, Klientinnen/ Klienten), im Verhältnis der Generationen (Gewalt gegen Kinder und alte Menschen).

Verteilungskonflikte, das Auflehnen gegen Herrschaftsansprüche, der Verstoß gegen Machtinteressen und -privilegien sowie das Zerbre-

23. ebd., S. 78
24. Vgl. Artikel 1 der Erklärung der Menschenrechte von 1948: »Alle Menschen sind frei und gleich an Würde und Rechten geboren. Sie sind mit Vernunft und Gewissen begabt und sollen einander im Geiste der Brüderlichkeit begegnen.«

chen etablierter Herrschaftsstrukturen sind besondere Auslöser für Gewalt. Besteht dann keine Bereitschaft zur friedlichen Konfliktregelung oder stehen keine hinreichenden Verfahren und Fähigkeiten dafür zur Verfügung, sind weitere Gewalteskalationen fast zwangsläufig vorprogrammiert. Deshalb ist es keineswegs abwegig, den Grund für einen Großteil an heutiger sexueller Gewalt eher aus Verunsicherung, aus narzistischer Kränkung und aus Verlustängsten von Männern herzuleiten, denn sie als Ergebnis ihrer ungebrochenen Macht und einer nahtlosen Kontinuität von patriarchalischer Dominanz zu werten. Gewalt sei – so *Anthony Giddens* – »eine zerstörerische Reaktion auf den Verfall der Komplizenschaft der Frauen«[25], die nicht länger bereit sind, männliche Herrschaft und Privilegien zu akzeptieren und zu unterstützen.

Zusammenfassung – personale und strukturelle Gewalt

Als Basistypen der Gewalt unterscheiden wir zwischen *personaler* und *struktureller* Gewalt. »Den Typ von Gewalt, bei dem es einen Akteur gibt, bezeichnen wir als *personale* oder *direkte* Gewalt: die Gewalt ohne einen Akteur als *strukturelle* oder *indirekte* Gewalt.«[26] Eine Teilmenge der personalen, durch persönlich identifizierbare Täter ausgeübten, Gewalt ist:

- die *physische Gewalt*, die »handgreiflich« mit oder ohne Waffen ausgeführt, auf eine physische Verletzung oder Tötung des Opfers/ der Opfer zielt, und
- die *psychische Gewalt*, die sich auf die psychisch-soziale Verletzung des Opfers/ der Opfer richtet.

Strukturelle Gewalt thematisiert die gewaltsame Potenz und die gewaltsamen Folgen strukturierter anonymer, kollektiver Handlungsabläufe und Handlungsroutinen in komplexen institutionellen, kulturellen, religiösen und technologischen Systemen. Sie sind durch eine gewisse Eigendynamik und raum-zeitliche Kontinuität des strukturellen Handelns gekennzeichnet und nicht oder nur sehr mittelbar an bestimmte Personen gebunden. Deshalb lassen sich kaum persönlich identifizierbare, sondern nur als Funktionsträger austauschbar Handelnde ausmachen. Auf der Opferseite dagegen sind

25. *A. Giddens:* Wandel der Intimität. Sexualität, Liebe und Erotik in modernen Gesellschaften. Frankfurt/M 1993, S. 137.
26. *J. Galtung,* a.a.O., S. 12.

wie bei der personalen Gewalt immer Personen als einzelne, Gruppen oder Kollektive betroffen.
Zu einem großen Teil ist strukturelle Gewalt durch kulturelle Ursachen und Systeme (Kultur im engeren Sinne, Religion, Sprache etc.) verursacht oder durch kulturell begründete Machtkonstellationen bedingt. Deshalb verstehen wir den Begriff der *kulturellen Gewalt* als spezielle Variante der strukturellen Gewalt.

II.2 Zu Art und Umfang von Gewalt gegen Frauen

Das Gewaltpotential im Geschlechterverhältnis als gesellschaftliches Strukturproblem
Macht und Ohnmacht, Lebenschancen und Lebensrisiken sind in unserer Gesellschaft zwischen Frauen und Männern ungleich verteilt. Frauen haben weitaus weniger Anteil an den gesellschaftlichen Ressourcen als Männer trotz des im Grundgesetz verankerten Gleichheitspostulats. Sie verfügen in deutlich geringerem Maße über politische, wirtschaftliche oder kulturelle Macht. Sie haben weniger Einfluß, wenn es um die Gestaltung der Zukunft geht. Die geschlechtsspezifische Arbeitsteilung in unserer Gesellschaft verweist Frauen nicht nur stärker auf die Wahrnehmung der gesellschaftlich notwendigen aber unbezahlten Arbeiten, sondern drängt sie auch innerhalb des Erwerbsarbeitsmarktes in jene Bereiche, die schlechter bezahlt und abgesichert sind. Frauen sind stärker als Männer und gegenwärtig zunehmend von Arbeitslosigkeit, Armut und sozialer Benachteiligung betroffen oder bedroht.
Eine Gesellschaft, in deren Grundstrukturen Machtungleichgewichte und einseitige Abhängigkeiten zwischen den Geschlechtern angelegt sind, ist ein Nährboden für verschiedene Formen von Gewalt gegen Frauen. Denn alle Übergriffe durch Männer, auch in ihrer sexualisierten Form, sind nicht primär fehlgeleitete Sexualhandlungen, sondern vielmehr als Handlungen zu werten, mit deren Hilfe Macht demonstriert und erhalten werden soll. Sie stellen also keine unkontrollierten Triebausbrüche dar, und sie sind auch nicht, wie die wenigen statistischen Angaben hier zeigen, Einzelfälle oder »Privatangelegenheiten«. Gewalt gegen Frauen ist Teil des gesamtgesellschaftlichen Geschehens und verweist auf tieferliegende Ursachen.

Nicht nur die Formen von Gewalt, sondern auch das Verständnis, die Wahrnehmung und das Problembewußtsein von ihr haben sich im Laufe historischer und kultureller Veränderungen gewandelt. Das, was als Gewalt verstanden und wie Gewalt beurteilt wurde, aber auch Formen von Gewalt waren zum Beispiel im Mittelalter ganz andere als heutzutage. *Norbert Elias* hat in diesem Zusammenhang herausgearbeitet[27], daß physische Gewaltformen im Laufe der Entwicklung der Zivilgesellschaft aus dem öffentlichen Leben zurückgedrängt wurden. Dieses war und ist eine kulturelle Leistung, die vor allem ihren Ausdruck im Gewaltmonopol des Staates findet.

Um so bedenklicher ist, daß die Gewalt zwischen den Geschlechtern – in der Regel gegen Frauen – offenbar nicht zurückgedrängt wurde. Ob sie objektiv zugenommen hat oder vielmehr das Schweigetabu darüber gebrochen wurde und sie deswegen verstärkt ins Bewußtsein rückt, muß hier nicht entschieden werden. Tatsache ist, daß sie ein ungeahntes Ausmaß hat. Es ist das Verdienst der zweiten (westlichen) Frauenbewegung, beginnend in den 60er Jahren dieses Jahrhunderts, daß sie Gewalt gegen Frauen zu einem öffentlichen Thema gemacht hat. Das Erschrecken über diesen Skandal führte zur Gründung von Frauenhäusern. Die Frauenbewegung war es auch, die die strukturelle Verflechtung von Privatem und Öffentlichem, von familialer und politischer Sphäre diskutierte. Sie tat es mit dem analytischen Instrumentarium der Patriarchatskritik. Im übrigen sozialwissenschaftlichen Diskurs fand und findet ebenfalls eine Auseinandersetzung mit dem grundlegenden Wandel des Verhältnisses von »privat« und »öffentlich« in der Moderne statt. Damit rückten Ehe und Familie sowie der soziale Nahraum als mögliche Orte von Gewalt in das Blickfeld. Diese Erkenntnis war und ist schmerzlich, gelten doch gerade Ehe und Familie als Orte von Geborgenheit und Sicherheit. Sie sind es in der Mehrzahl wohl auch.

Personale Gewalt im Geschlechterverhältnis

Dennoch: »Menschen werden in ihren eigenen Wohnungen von anderen Familienmitgliedern mit größerer Wahrscheinlichkeit ge-

27. Vgl. *N. Elias:* Über den Prozeß der Zivilisation. Soziogenetische Untersuchungen. Erster und zweiter Band. Frankfurt/M. 1976.

schlagen, verprügelt, körperlich verletzt oder sogar getötet als irgendwo sonst und von irgendwem sonst in unserer Gesellschaft.«[28] Die physischen und psychischen Folgen von Mißhandlung und Erniedrigung sind u.a. akute Verletzungen, psychosomatische Krankheiten, Suchterkrankungen und Suizidgefährdung.[29]

Obgleich es nur schwer möglich ist, konkrete Zahlen über das Ausmaß dieser Bedrohungen anzugeben, errechnete das Kriminologische Forschungsinstitut Niedersachsen für den Zeitraum von 1987 bis 1991, daß 17,3 Prozent aller Frauen Opfer von Gewalt wurden und zwar überwiegend im sozialen Nahbereich.[30] Etwa 40.000 Frauen flüchten vor ihren Ehemännern und Partnern jährlich in Frauenhäuser.

Alle Versuche, Ursachen oder zumindest Erklärungen für die praktizierte Gewalt gegen Frauen zu finden, stellen Annäherungen aus unterschiedlichen Aspekten dar, die sich letztlich um ethische Fragen von persönlicher Schuld und struktureller Verstrickung und deren Zusammenhänge gruppieren.[31]

Nach Untersuchungen der amerikanischen Historikerin *Gerda Lerner* seien die Ursachen dafür, daß Frauen bis heute in der Privatsphäre von Ehe und Familie nahezu straflos geschlagen, vergewaltigt und ausgebeutet würden, schon im Entstehungsprozeß der In-

28. *R.J. Gelkes,* zitiert nach *Helge Peters:* Gewalt in der Familie. In: Soziologische Revue, Sonderband Familie. 1994, S. 268.
29. Vgl. Bundesministerium für Jugend, Familie und Gesundheit (Hrsg.): Hilfen für mißhandelte Frauen. Stuttgart 1981.
30. Vgl. *P. Wetzels / C. Pfeiffer:* Thesenpapier zur Gewalt gegen Frauen im sozialen Nahraum. Kriminologisches Forschungsinstitut Niedersachsen e.V., Hannover 1996, S. 3.
31. Diese Verschränkung von Subjektivem und Objektivem, von Personalem und Strukturellem und die existentielle Verwicklung des Menschen darin wird von *Arthur Rich* auf dem Hintergrund der christlichen Erbsündelehre als Dialektik von personalem Bösen interpretiert: »Und dies alles meint nun eben eine Existenz, in der der Mensch schließlich nur noch mit sich selber rechnet, seinen eigenen Bedürfnissen, Wünschen, Hoffnungen und Ambitionen höchste Priorität einräumt und damit der Tendenz nach die dialogische in eine monologisch-monokratische Existenz verkehrt. Dies nach der biblischen Sicht der Sache fundamental Böse, das sich immer wieder von neuem wiederholt und in der christlichen Dogmatik den sehr mißverständlichen Begriff der ›Erbsünde‹ angenommen hat, ist der Grund des personal wie des strukturell Bösen in seiner unheilvollen Dialektik.
    Christlich bestimmte Humanität macht sich darum über die Wirklichkeit der geschichtlichen Welt keinerlei Illusionen. Sie weiß, daß in ihr bis hinab in die letzten Fundamente personell und strukturell Böses am Werke ist«. A. Rich: Wirtschaftsethik. Grundlagen in theologischer Perspektive. Gütersloh, 2. Aufl. 1985, Band I, S. 179f.

stitution Ehe zu finden. Von Anfang an fände sich im Zusammenhang der Entstehung des Privateigentums auch die sexuelle Unterordnung von Frauen, die in den verschiedenen Rechtsordnungen institutionalisiert und mit staatlichen Mitteln durchgesetzt wurde. Den Männern sei die Familie bzw. die Ehe als privater Herrschaftsbereich zugeteilt worden, der unter dem besonderen Schutz des Staates stünde.[32]

In der Tat weisen die Institutionen Ehe und Familie einige Strukturmerkmale auf, die familiale Gewalt begünstigen können. Der Schutz der Privatsphäre kann zu Isolation und mangelnder sozialer Kontrolle führen. Die häufige ökonomische Abhängigkeit von Ehefrauen schafft Situationen, in deren Folge Machtmißbrauch geschehen kann. Noch immer gibt es Rollenmuster und Rollenzuweisungen im Geschlechterverhältnis, die eine – wenn auch abnehmende – Wirksamkeit haben. Im Hinblick auf solche Rollenzuweisungen heißt es in der vom Bundesministerium für Familie, Senioren, Frauen und Jugend 1995 veröffentlichten Untersuchung zur »Gewalt in Ehe und Partnerschaft«: »Erziehung, Film, Fernsehen, Werbung, das soziale Umfeld usw. sagen uns jeden Tag, wie eine ›Frau‹ und wie ein ›Mann‹ zu sein hat. Jedes Kind lernt dies von klein auf:

- Männer müssen stärker als Frauen sein, dürfen sich nicht ängstlich, traurig, schwach, abhängig, schutzbedürftig fühlen; sie leisten – schon als kleine Jungen – eine ständige Verdrängungsarbeit solcher ›unmännlichen‹ Gefühle; sie fürchten Intimität, welche die Sehnsucht nach Geborgenheit wachrufen könnte; dieses kostet große Energie und schafft ein instabiles Gleichgewicht, weil diese Gefühle, die zum Menschsein dazugehören, nicht endgültig zum Schweigen zu bringen sind.
- Frauen bauen ihr Selbstwertgefühl und ihre weibliche Identität auf der Fähigkeit auf, Beziehungen zu anderen Menschen einzugehen, fürsorglich zu sein und ohne Rücksicht auf die eigene Person diese Beziehungen aufrechtzuerhalten; sie neigen dazu, sich die Verantwortung für die Beziehungen zu geben und die Schuld, wenn die Beziehung scheitert. Die von ihnen verdrängten Gefühle – wie Aggressionen – sind Quellen von Unzufriedenheit und unterschwelliger Aggressivität.«[33]

32. Vgl. *G. Lerner:* Die Entstehung des Patriarchats. Frankfurt/M. 1991.
33. Bundesministerium für Familie, Senioren, Frauen und Jugend (Hrsg.): Gewalt in Ehe und Partnerschaft. Köln 1996, S. 28f.

Rollenverweigerung wird als »Normverletzung« erlebt; zur Aufrechterhaltung der »Norm« wird mitunter Gewalt eingesetzt.[34] Entgegen der landläufigen Vorstellung kommen wissenschaftliche Studien fast einhellig zu dem Ergebnis, daß die Täter in der Regel keine defizitären, unmoralischen oder kranken Persönlichkeiten sind. Sie sind zum großen Teil ganz »normale« Männer aus allen Gesellschaftsschichten.[35] Dieses Untersuchungsergebnis ist für Männer in der Regel nur schwer zu akzeptieren. Deshalb wird es in der öffentlichen Diskussion oft bagatellisiert oder bestritten.

Die ethische Herausforderung besteht in diesem Zusammenhang darin, die Frage nach Tätern und Opfern eindeutig zu beantworten. Die Ungeheuerlichkeit der Gewalttaten weckt bei vielen Menschen Abwehr und Unglauben, so daß immer wieder die Meinung vertreten wird, daß das Mädchen, die Frau irgend etwas getan haben müsse (aufreizende Kleidung, Gestik u.ä.), um den Täter herauszufordern. Damit wird die Opferrolle in eine Täterrolle verkehrt. Die Folge kann sein, daß den Opfern nicht geglaubt wird, wenn sie wagen, ihr Schweigen zu brechen. Die Beweislast liegt bei den Frauen. In Ermittlungsverfahren, ja selbst in Gerichtsverfahren, fühlen sich viele Opfer erneut entwürdigt. Die kriminologische Forschung spricht hier von der »sekundären Viktimisierung«.

Es ist nicht nur der physisch verletzende oder zerstörende, gegen die Frau gerichtete Handstreich, der das Opfer zur Ohnmacht verurteilt oder zerstören kann. Gleiches gilt auch für alle »subtileren« Formen von Gewalt. Um deren Bedeutung zu ermessen, bedarf es des Bewußtseins und der Sensibilität für die persönlichkeitsverletzenden Wirkungen psychischer Gewalt. Wer etwa in der Rolle des Familienernährers statt körperlicher Gewalt Unterdrückungsmechanismen gegenüber seiner Frau und seinen Kindern anwendet, greift zu Mitteln der Gewalt.[36]

Zwar mögen sich die Folgen von Einschüchterungen, verbaler Drohung und Abwertung, Beleidigung, Herabsetzung und Demütigung für die Opfer auf den ersten Blick nicht so elementar und existenti-

34. Vgl. *C. Hagemann-White (Hrsg.):* Strategien gegen Gewalt im Geschlechterverhältnis. Bestandsanalyse und Perspektiven. Pfaffenweiler 1992.

35. Vgl. *J. Lempert / B. Oelemann:* »... dann habe ich zugeschlagen.« Männer-Gewalt gegen Frauen. Hamburg 1995.

36. Vgl. Österreichisches Bundesministerium für Umwelt, Jugend und Familie (Hrsg.): Gewalt in der Familie. Wien 1991.

ell bedrohlich auswirken wie bei physischen Gewalttaten, doch die traumatischen Folgen sind oft ähnlich zerstörerisch. Psychische Gewalt als eine Form der personalen Gewalt verletzt die seelisch-geistige Integrität des Gegenübers. Sie ist eine Grenzüberschreitung, die trotz erkennbarer Ablehnung geschah.
Sexuelle Belästigung am Arbeitsplatz ist eine verbreitete Variante psychischer Gewalt. Gesetzlich wird sie definiert als:
»... jedes vorsätzliche, sexuell bestimmte Verhalten, das die Würde von Beschäftigten am Arbeitsplatz verletzt. Dazu gehören
1. sexuelle Handlungen und Verhaltensweisen, die nach den strafgesetzlichen Vorschriften unter Strafe gestellt sind, sowie
2. sonstige sexuelle Handlungen und Aufforderungen zu diesen, sexuell bestimmte körperliche Berührungen, Bemerkungen sexuellen Inhalts sowie Zeigen und sichtbares Anbringen von pornographischen Darstellungen, die von den Betroffenen erkennbar abgelehnt werden.«[37]

Strukturelle Gewalt im Geschlechterverhältnis
Mit struktureller Gewalt werden Männer ebenso wie Frauen konfrontiert, wenn Regeln, Normen und soziale Praktiken Menschen zu Objekten degradieren, ohne daß jemand persönlich dafür verantwortlich gemacht werden kann. Strukturell bedingte Benachteiligungen müssen nicht strukturelle Gewalt bedeuten. Aber sie können immer dann als gewaltförmig erlebt werden, wenn sie Zwangslagen schaffen, in denen die Menschenwürde, die Möglichkeiten der persönlichen Entfaltung, die geistige und körperliche Gesundheit bedroht oder verletzt sind.
Von der Kumulierung verschiedenartiger Diskriminierungen und Benachteiligungen bis zu dem Punkt, von dem an von struktureller Gewalt zu sprechen ist, sind – global betrachtet – Frauen häufiger betroffen als Männer. Ein kulturell verankerter, kollektiver Druck zur Abtreibung weiblicher Föten (wie etwa in Indien), bewußte gesundheitliche Vernachlässigung von Mädchen, Analphabetismus und Vorenthalten von Schul- und Berufsbildung, genitale Verstümmelung, Zwangsprostitution und Frauenhandel, Mitgiftpraxis und Witwenverbrennung, Ausbeutung der Sexualität und des weiblichen

37. Gesetz zum Schutz der Beschäftigten vor sexueller Belästigung am Arbeitsplatz vom 30.6.1994, § 2, Abs. 2.

Arbeitsvermögens sind nur einige Stichworte für strukturelle Gewalt gegen Mädchen und Frauen weltweit.

In der Bundesrepublik Deutschland ist im Vergleich dazu mit aller Vorsicht von struktureller Gewalt zu sprechen. Gleichwohl finden sich genug Beispiele dafür. Auch hier sind überwiegend Frauen betroffen. Solche Diskriminierungen mögen im Einzelfall und in der Regel nicht gewollt sein, doch im Zusammentreffen von männlich geprägten strukturellen Vorgaben und weiblicher Lebensrealität entwickeln sie ihre eigene, meist ungeplante Dynamik. Zwar besitze die Frau gegenüber dem Sozialstaat dieselben formalen Rechte wie ein Mann – resümiert *Barbara Riedmüller* – »doch gehen in diese Rechte Voraussetzungen der Teilhabe, der Verfahrensnormierung und der Inanspruchnahme ein, die den faktischen arbeitsmarktpolitischen, kulturellen und subjektiven Ausschluß der Frau bedeuten.«[38] »Es existieren eine Reihe von gesetzlichen Regelungen, Vorschriften auf dem Verordnungswege und administrativen Regelungen, die die Frauen von Leistungen ausschließen, ja ihnen sogar den Status, arbeitslos bzw. arbeitssuchend zu sein, streitig machen.«[39] So gilt eine Frau, die Kinder versorgt, nur bedingt als am Arbeitsmarkt vermittelbar, weil sie nicht frei verfügbar ist. Frauen werden de facto aus wesentlichen Bereichen der Wohnungsförderung und -versorgung ausgeschlossen.[40] Frauen sind von Armut und Arbeitslosigkeit überproportional betroffen, unter ihnen vor allem alleinerziehende Mütter und alte Frauen. Die Sozialhilfebedürftigkeit bei alten Frauen zum Beispiel liegt mehr als doppelt so hoch wie bei der übrigen Bevölkerung. Die Ursachen sind zum großen Teil strukturell begründet: unterbrochene bzw. abgebrochene Ausbildungs- und Berufskarrieren, geringere Entlohnung in Leichtlohngruppen, die starke Segregation von Arbeitsmärkten, geringere Karrierechancen und die Doppelbelastung durch Beruf und Hausarbeit bewirken im Alter Kleinstrenten.

Gerade Frauen sind es deshalb, für die in der modernen Gesellschaft die individuellen Risiken wachsen. Krankheit, Arbeitslosigkeit oder

38. *B. Riedmüller:* Frauen haben keine Rechte. Zur Stellung der Frau im System sozialer Sicherheit. In:
I. Kickbusch, B. Riedmüller (Hrsg.): Die armen Frauen. Frauen und Sozialpolitik. Frankfurt/M. 1984, S. 46.
39. Ebd., S. 55.
40. *B. Sellach:* Armut – Wohnungsnot – Gewalt. Forderungen an eine neue Sozialpolitik für Frauen. Zeitschrift für Frauenforschung 1 + 2/1995, S. 76.

Scheidung führen nicht selten zu Armut. Leistungseinschränkungen im Bereich der gesetzlichen Rentenversicherung oder bei der Arbeitsförderung zum Beispiel verschlechtern zukünftig insbesondere ihre materielle Absicherung. Die ohnehin »extrem ungleichen Zuordnungen und Belastungen« der Geschlechter drohen damit, zu einem »offenen Widerspruch«[41] zu eskalieren, der sich insbesondere für die Frauen als Modernisierungsfalle erweisen könnte.

41. *U. Beck:* Risikogesellschaft. Auf dem Weg in eine andere Moderne. Frankfurt/M. 1986, S. 130.

III Bestandsaufnahme in den Landeskirchen, den kirchlichen Werken und Einrichtungen und in der EKD (eine Auswahl)

Die folgende Bestandsaufnahme beruht auf Materialien, welche die einzelnen Gliedkirchen und das Diakonische Werk der EKD sowie kirchliche Werke und Einrichtungen dem Kirchenamt der EKD zur Verfügung gestellt haben. Da eine Auflistung sämtlicher dem Kirchenamt vorliegender Aktivitäten zum Thema Gewalt gegen Frauen den Rahmen dieser Studie sprengen würde und dennoch nicht annähernd dem Anspruch auf Vollständigkeit gerecht werden könnte, beschränkt sich die Bestandsaufnahme auf eine Auswahl von Beispielen aus der kirchlichen Arbeit zum Thema. Als Kriterium für die Auswahl läßt sich jedoch der beispielhafte Charakter innerhalb der Fülle bzw. Vielfalt der kirchlichen Aktivitäten benennen. Zudem wurden besonders beachtenswerte Projekte in die Darstellung aufgenommen.

III.1 Beschlüsse und Verlautbarungen

Im Rahmen der umfassenden Thematik der Gemeinschaft von Frauen und Männern in der Kirche liegen auf der ökumenischen wie auf der Ebene der EKD und ihrer Gliedkirchen zahlreiche Beschlüsse und Verlautbarungen speziell zur Gewalt gegen Frauen vor. So fand schon 1974 in Berlin eine vom Frauenreferat des Ökumenischen Rates der Kirchen (ÖRK) einberufene Weltkonsultation zum Thema »Sexismus in den 70er Jahren« statt. Die Empfehlungen der V. Vollversammlung des ÖRK in Nairobi führten zu einem weltweiten Studienprozeß zur »Gemeinschaft von Frauen und Männern in der Kirche« (1978-1981), der mit der Vorlage einer Gemeinschaftsstudie auf der Konsultation in Sheffield 1981 abgeschlossen wurde. In dem »Brief aus Sheffield« an die Kirchen wird ausdrücklich auf die Gewaltverhältnisse, in denen Frauen weltweit leben, hingewiesen.[42]

42. So heißt es zu Beginn: »Brüder, hört ihr nicht die ›Seufzer, tiefer als alle Worte‹ von Frauen, die unter Krieg, Gewalt, Armut, Ausbeutung und Verachtung leiden in ei-

Auch um die Anliegen dieser Gemeinschaftsstudie weiterzuführen sowie als Antwort auf die UN-Dekade der Frau 1975-1985, wurde die »*Ökumenische Dekade – Solidarität der Kirchen mit den Frauen (1988-1998)*« ausgerufen, deren Ziele u.a. darin bestehen, »Frauen zu befähigen, unterdrückende Strukturen in der Gesellschaft weltweit, in ihrem Land und in ihrer Kirche in Frage zu stellen« und »die Kirchen zu veranlassen, sich selbst von Rassismus, Sexismus und Klassendenken sowie von Lehren und Praktiken, die Frauen diskriminieren, zu befreien«.[43] Anläßlich der Dekade fand in der Bundesrepublik Deutschland im Februar 1995 ein Ökumenischer Gruppenbesuch statt, bei dem auch die Gewaltproblematik verhandelt und die Zielsetzung der Dekade bekräftigt wurde. Zudem wurde ausdrücklich empfohlen, die Fragen des Umgangs mit Gewalt in die kirchlichen Aus- und Fortbildungskonzepte aufzunehmen sowie Forschungsprojekte zur Thematik zu fördern.[44]
Auch die *Synode der EKD 1989 in Bad Krozingen* befaßte sich mit der »Gemeinschaft von Frauen und Männern in der Kirche« als Schwerpunktthema. In ihren diesbezüglichen Beschlüssen stellte sie u.a. fest, daß die Kirche »mißhandelte Frauen noch viel zu wenig im Blick« hat, und forderte, eine stärkere Wahrnehmung der Probleme von Frauen, die Gewalt ausgesetzt sind, sowie ein verbessertes Angebot von Schutz- und Beratungseinrichtungen in kirchlicher Trägerschaft.[45] Auf der EKD-Synode 1995 wurde im Bericht des Rates über die Dekadearbeit zur Gewalt gegen Frauen folgende Empfehlung ausgesprochen: »Es wird für erforderlich gehalten, dieses kirchlich noch weitgehend vernachlässigte Thema zu enttabuisieren und einer – auch theologischen – Reflexion zugänglich zu

ner Welt, die weitgehend von Männern kontrolliert wird? Schwestern, seht ihr nicht, wie tief sich die Männer in den Fängen ihrer eigenen Macht und ihrer vermeintlichen Überlegenheit verstrickt haben?«; abgedruckt in: Materialien zur Vorbereitung der EKD-Synode 1989, Gemeinschaft von Frauen & Männern in der Kirche, 1989 EKD Hannover, S. 75; dort findet sich auch eine Chronologie der Ereignisse, die zur Ökumenischen Dekade 1988-1998 führten, S. 74; s. Materialheft S. 1f.

43. S. Materialheft, S. 1.
44. Vgl. dazu die ausführliche Dokumentation: Ökumenischer Gruppenbesuch in Deutschland, hrsg. vom Kirchenamt der EKD im Auftrag des Vorbereitungskreises für den ökumenischen Gruppenbesuch, Hannover 1995.
45. Vgl. den Wortlaut der Beschlüsse in: Berichte über die Tagungen der Synode der Evangelischen Kirche in Deutschland, Band 43, Bad Krozingen 1989, S. 803-805; s. Materialheft, S. 3ff.

machen.«[46] Im darauffolgenden Jahr wies die Synode der EKD auf Borkum in einem weiteren Beschluß auf das »Problem des Mißbrauchs von Frauen und Kindern als Ware« hin, indem sie u.a. den Rat bat, die Forderungen der Kampagne gegen Kinderprostitution im Sextourismus zu unterstützen.[47]

Zwischenzeitlich kam es zudem anläßlich aktueller Ereignisse zu deutlichen Verlautbarungen von seiten der Kirche. So führte im Herbst 1992 das Bekanntwerden der systematischen Vergewaltigungen in Bosnien-Herzegowina zu einer Reihe von Protesten gegen die konkreten Verbrechen vor Ort. So heißt es beispielsweise in einer Pressemitteilung des *Kirchenamtes der EKD* vom 16. November 1992:

»Die Evangelische Kirche in Deutschland ist erschüttert, in welch unmenschlicher Weise die Würde von Frauen verachtet wird und Frauen zu ›Gegenständen‹ degradiert werden, indem man sie auf brutalste Weise benutzt. Selbst wenn sie diese Art Folter überleben, sind sie für den Rest ihres Lebens gezeichnet. Sie erleiden einen seelischen Tod. Die Evangelische Kirche in Deutschland verurteilt diese besonders perfide Art der ›ethnischen Säuberung‹«.[48]

Aus Anlaß bzw. im Rahmen der Ökumenischen Dekade 1988-1998: »Solidarität der Kirchen mit den Frauen« sowie im Anschluß an die Synode der EKD 1989 in Bad Krozingen wählten Anfang der 90er Jahre auch verschiedene gliedkirchliche Synoden den Themenbereich der Gemeinschaft von Frauen und Männern in der Kirche als Schwerpunkt. Standen häufig, wie etwa in Braunschweig (1993) und der Pfalz (1994), die Schaffung von Gleichstellungsstellen und die allgemeine Förderung der Gemeinschaft von Frauen und Männern in der Kirche im Vordergrund der Debatten und Beschlüsse, so setzten sich, um zwei Beispiele zu nennen, die Synode der Evangelischen Kirche in Hessen und Nassau (Dezember 1990) wie auch die Westfälische Landessynode (November 1993/Oktober 1994) explizit mit der Pro-

46. Bericht des Rates über die Arbeit in der EKD und ihrer Gliedkirchen zur Dekade »Kirche in Solidarität mit den Frauen; in: Berichte über die Tagungen der Synode der Evangelischen Kirche in Deutschland, Band 51, Friedrichshafen 1995, S. 927-950, (Zitat: S. 940); dort findet sich auch der Beschluß, die vorliegende Studie in Auftrag zu geben (S. 174); s. Materialheft, S. 7.
47. S. Materialheft, S. 8; zur Kampagne gegen Kinderprostitution s. Kapitel IV.3 und V.
48. S. Materialheft, S 9f; ähnlich lautete der Protest der bayerischen Landessynode gegen den Terror an Frauen und Mädchen in serbischen Lagern vom November 1992.

blematik der Gewalt gegen Frauen auseinander. Eine der Gruppen zum Schwerpunktthema der *Synode der Evangelischen Kirche in Hessen und Nassau (EKHN)* »In der Schöpfung leben: Frauen und Männer in der Kirche« arbeitete zum Thema »Gewalt gegen Frauen« und regte diesbezüglich eine ganze Reihe von Beschlüssen an. So wurde die Arbeitsstelle Frauen in der Kirche beauftragt, eine Konzeption für eine Studie »Erforschung der Zusammenhänge von christlicher Tradition und Theologie einerseits und Gewalt gegen Frauen andererseits« zu erstellen. Die Arbeitsstelle für Erwachsenenbildung erhielt den Auftrag, nach Möglichkeit in Zusammenarbeit mit der Frauenhilfe und der Männerarbeit, eine Diskussionshilfe für die Gemeinden zu erarbeiten. Zudem wurde die Kirchenleitung gebeten, die Thematik in den Kultusministerien im Blick auf Unterricht und Lehrerfortbildung anzusprechen und mit dem Presserat ein Gespräch über die Darstellung von Gewalt gegen Frauen in den Medien zu führen.[49]
Als eigenes Schwerpunktthema innerhalb der umfassenden Thematik der »Gemeinschaft von Frauen und Männern in der Kirche« wurde auf den beiden *Synoden der Evangelischen Kirche in Westfalen (EKvW)* die Gewaltproblematik unter den Stichworten »Sexualität, Gewalt und Kirche« verhandelt.[50] Schon im Vorfeld setzten sich hier zahlreiche Kreissynoden mit der Problematik auseinander und beschlossen z.T. auch konkrete finanzielle Maßnahmen.[51] Die Landessynode selbst faßte u.a. folgenden Beschluß:
»Die Landessynode bittet die Kirchenleitung, eine Arbeitsgruppe aus den bisher an der Problematik sexueller Gewalt arbeitenden Einrichtungen (Ev. Akademie, Amt für Jugendarbeit, Frauenreferat, Diakonisches Werk, Psychologische Beratungsstellen, Pädagogische Konferenz und andere) zu bilden. Diese soll der Landessynode 1994 ein Konzept für eine Studien- und Öffentlichkeitsarbeit, sowie ein

49. Vgl. den Wortlaut der Beschlüsse in: Verhandlungen der Kirchensynode der Evangelischen Kirche in Hessen und Nassau, 10. Tagung, Siebte Synode, 3. Dezember 1990, hrsg. vom Kirchensynodenvorstand, Darmstadt, S. 368f; zur Umsetzung der Beschlüsse s. Kapitel IV.2.
50. So auch die Überschriften der entsprechenden Kapitel in: Gemeinschaft von Frauen und Männern in der Kirche, Vorlage der Kirchenleitung zum Schwerpunktthema der Landessynode 1993, im Auftrag der Kirchenleitung der EKvW hrsg. von der Arbeitsgruppe zum Schwerpunktthema der Landessynode 1993, S. 7f sowie in dem gleichnamigen Arbeitsheft, S. 16-25; s. Materialheft, S. 11.
51. Vgl. dazu: Verhandlungen der 2. ordentlichen Tagung der 12. Westfälischen Landessynode vom 1. bis 5. November 1993, Bielefeld, S. 84.

Konzept zum Umgang mit Opfern und Tätern sexueller Gewalt in der westfälischen Kirche vorlegen.
Die Landessynode bittet die Kirchenleitung dafür Sorge zu tragen, daß die Verantwortlichen in der Aus- und Fortbildung die Themen Sexualität und Probleme von sexueller Gewalt in ihre Lehrplangestaltung bzw. ihre Fortbildungsprogramme aufnehmen.
Die Landessynode bittet die Träger diakonischer Arbeit in Westfalen, die Frauenhaus-Arbeit nach Möglichkeit auszubauen und insbesondere Mädchen- und Jugendprojekte weiter zu fördern.«[52]
Auch im darauffolgenden Jahr wurde in Gemeinden sowie auf Kirchenkreis- und landeskirchlicher Ebene die Arbeit zum Schwerpunktthema weitergeführt. Die landeskirchliche Arbeitsgruppe »Sexuelle Gewalt« erhielt den Auftrag, ihre Arbeit auch über das Jahr 1994 hinaus fortzusetzen. Überdies beschloß die Synode, die Kirchenleitung, Kirchenkreise, Gemeinden und diakonische Träger zu bitten:
»– die Frauenhausarbeit und Mädchen- und Jungenprojekte insbesondere unter Einbeziehung ausländischer Frauen und Kinder zu verstärken,
– die Einbeziehung der Themen ›Sexualität‹ und ›sexuelle Gewalt‹ in Aus-, Fort- und Weiterbildung zu verwirklichen,
– die von Männern begonnene Arbeit an diesen Themen zu verstärken und Männer zu ermutigen, sich vermehrt dieser Problematik zuzuwenden,
– im Kontext des Gesamtproblems der Gewalt in den Medien insbesondere gegen die Darstellung der Gewalt an Frauen und Kindern anzugehen, …«.

Aus Anlaß der zunehmenden Problematik der Kinderprostitution als Folge des Sextourismus, des Frauenhandels und der frauenspezifischen Asylgründe bat die Synode zudem darum:
»– sich verstärkt in dem Westfälischen Arbeitskreis der Kampagne gegen Kinderprostitution zu engagieren,
– die Aufklärungs- und Widerstandsarbeit gegen Sextourismus und Frauenhandel, der seit einiger Zeit verstärkt auch Frauen aus osteuropäischen Ländern betrifft, zu unterstützen,
– dafür einzutreten, daß frauenspezifische Fluchtursachen als Asylgründe anerkannt werden,

52. Ebd. S. 161; die Arbeitsgruppe erstellte daraufhin zunächst eine erste Bestandsaufnahme über die verschiedenen Bereiche, in denen zur Gewaltthematik gearbeitet wird..

– sich dafür einzusetzen, daß der 13. Deutsche Bundestag gesetzliche Vorkehrungen trifft, um die Strafverfolgung bei Menschen-(Frauen)handel und Kinderprostitution im In- und Ausland zu gewährleisten, sowohl in bezug auf die Ausländergesetzgebung (Schutz von Zeuginnen und Zeugen) in der Bundesrepublik Deutschland als auch in bezug auf Rechtshilfeabkommen mit den Staaten, in denen solche Straftaten von Deutschen begangen werden.«[53]

Auf dem Hintergrund der Synodenbeschlüsse wurde gerade in der EKvW die Arbeit zum Thema Gewalt gegen Frauen in verschiedenen Bereichen sehr aktiv fortgesetzt.

III.2 Kirchliche Medien, Tagungen und Arbeitshilfen

Auch *Zeitschriften* einzelner kirchlicher Frauenreferate bzw. Frauenverbände befassen sich mit der Gewaltthematik. So hat beispielsweise die Zeitschrift der Evangelischen Frauenhilfe in Deutschland e.V. (EFHiD) »Frauen unterwegs« eine Ausgabe »Gewalt gegen Frauen« herausgegeben.[54] Ein Rundbrief des Frauenreferates der EKvW »Lila Blätter« widmete sich umfassend dem »Schwerpunktthema Sexuelle Gewalt«[55] und die Evangelische Frauenzeitung in Bayern (efi) thematisierte die Gewalt gegen Frauen ebenfalls in einer ihrer Ausgaben.[56] Alle Zeitschriften enthalten Beiträge zu den unterschiedlichen Aspekten der Gewaltproblematik, so u.a. zu Gewalt im Krieg, Frauenhandel, sexuellem Mißbrauch, der Rolle der Kirche usw. Es finden sich überdies Anregungen für Gottesdienste ebenso wie ausführliche Berichte aus der Frauenhausarbeit und praktische Hinweise.

53. Verhandlungen der 3. (ordentlichen) Tagung der 12. Westfälischen Landessynode vom 24. bis 28. Oktober 1994, Bielefeld, S. 232; ebenfalls abgedruckt in: Materialien für den Dienst in der Evangelischen Kirche von Westfalen, Landessynode 1994, Reihe A, Heft 39, Bielefeld 1994, S. 74f. Auch die *bayerische Landessynode* im November/Dezember 1995 befaßte sich mit den Problemen des Sextourismus, vgl.: Verhandlungen der Landessynode der Evangelisch-Lutherischen Kirche in Bayern, 12. ordentliche Tagung (95), Regensburg vom 25. November bis 1. Dezember 1995, S. 180.
54. Frauen unterwegs, Zeitschrift der EFHiD, Gewalt gegen Frauen, Heft 11, November 1995.
55. Lila Blätter, Rundbrief des Frauenreferates der EKvW, Nr. 7, Januar 1993.
56. Evangelische Frauenzeitung in Bayern -»efi«, Nr. 4, 1993.

Die Männerarbeit der EKD wählte für 1993 die Gewaltproblematik zum Jahresthema und gab aus diesem Anlaß ein Werkheft unter dem Titel »Sanftmut den Männern. Der Gewalt widerstehen« heraus.[57] Im gleichen Jahr befaßte sich auch die reguläre Zeitschrift der Männerarbeit, das »männerforum«, mit dem Thema.[58] Beide Publikationen behandeln jedoch nicht schwerpunktmäßig die Gewalt gegen Frauen. Insgesamt fällt auf, daß eine Auseinandersetzung mit dieser Thematik in sonstigen allgemeinen kirchlichen Medien eher die Ausnahme bildet, die etwa ein Artikel »Der mißbrauchte Gott« in der Reformierten KirchenZeitung, in dem Zusammenhänge zwischen christlichem Umfeld und Kindesmißbrauch untersucht werden.[59]

In den letzten Jahren ist ein außerordentlich vielfältiges Angebot an *Tagungen und Fortbildungsseminaren* zu beobachten, wobei in steigendem Maße die Beschäftigung mit den Problemen des sexuellen Mißbrauchs im Vordergrund steht. Organisiert werden diese Veranstaltungen – bei zunehmender Vernetzung untereinander – in der Regel von Akademien, Frauenreferaten oder verschiedenen Verbänden, häufig auch in Zusammenarbeit mit Vertreterinnen und Vertretern kommunaler Einrichtungen. Aus der Fülle der Angebote können hier nur beispielhaft einige wenige benannt werden.

So bot auf überregionaler Ebene das *Frauenstudien- und -bildungszentrum der EKD* (FSBZ) in Zusammenarbeit mit der Arbeitsgruppe der EFD »Gewalt gegen Frauen und Kinder« einen dreitägigen Kurs über die »Theologischen Wurzeln der Gewalt gegen Frauen« an, zu dem auch Referentinnen aus den Niederlanden und den USA geladen waren.[60]

Im Bereich der *Bremischen Evangelischen Kirche* wurde 1994 eine Veranstaltungsreihe unter dem Titel »Lots Töchter. Sexuelle Ge-

57. Sanftmut den Männern. Der Gewalt widerstehen, Werkheft zum Männersonntag 1993, hrsg. von der Arbeitsgemeinschaft der Männerarbeit der EKD, Kassel 1993.
58. männerforum: Männer-Gewalt, Zeitschrift der Männerarbeit der EKD, hrsg. von der Männerarbeit der EKD, Nr. 9, 1993.
59. *Jochen Kuhn:* Der mißbrauchte Gott. Zur sexuellen Kindesmißhandlung, in: dokumentiert – Reformierte KirchenZeitung, Nr. 5, 1995.
60. Vgl. auch die umfassende gleichnamige Dokumentation der Tagung; Veranstaltungen zum Thema der theologischen Wurzeln der Gewalt boten auch das *Nordelbische Frauenwerk* im November 1996 sowie die Initiative der pfälzischen Landeskirche »Frauen wagen Frieden« und der Theologinnenkonvent in Zusammenarbeit mit der Gleichstellungsstelle der *Evangelischen Kirche der Pfalz* im September 1996 an.

walt in der Kirche – ein Tabu« begonnen. Die erste Abendveranstaltung und ein Tagesseminar[61] im Juli 1994 veranstalteten der Landesverband der Evangelischen Frauenhilfe Bremen und das dortige Landesjugendpfarramt. Im Anschluß daran konstituierte sich aus haupt- und ehrenamtlichen Mitarbeiterinnen ein Arbeitskreis »Sexuelle Gewalt in der Kirche«, der die Veranstaltung zum Thema: »(Sexuelle) Diskriminierung am Arbeitsplatz Kirche?!« im Oktober 1994 ebenfalls mitverantwortete. Im Oktober 1996 erweiterte sich der Veranstalterkreis der Reihe »Lots Töchter« um die Frauenbeauftragte der Bremischen Evangelischen Kirche. Nicht als offizielle Veranstalterin, aber doch als Ansprechpartnerin wurde neben den Verantwortlichen nun auch die kirchliche Familien- und Lebensberatung genannt. Im November 1996 kam es zur nochmaligen Thematisierung der (Sexuellen) Diskriminierung am Arbeitsplatz Kirche. Die Veranstaltungsreihe zeigt einen bemerkenswerten Ansatz kontinuierlicher Arbeit an dem häufig tabuisierten Problem sexueller Gewalt in der Kirche, die sich zugleich durch eine zunehmende Vernetzung und Zusammenarbeit auszeichnet.[62]

Das *Nordelbische Frauenwerk* lud im September 1995 zu einer Frauenkonferenz zur Problematik »Frauenhandel mit Osteuropäerinnen in Deutschland« ein. Neben Referaten eines Mitgliedes des Europäischen Parlaments und einer Vertreterin des Polizeipräsidiums Mannheim wurden diverse Workshops unter der Leitung zumeist außerkirchlicher Organisationen[63] angeboten. Im Anschluß an die Konferenz konstituierte sich ein Runder Tisch zum Thema Frauenhandel, um Vertreterinnen, Gruppen und Institutionen, die in Schleswig-Holstein und Hamburg an dem Thema arbeiten, zu vernetzen.

Aufgrund der Beschlußlage von Landessynode und Kreissynoden beauftragte die Kirchenleitung der *Evangelischen Kirche im Rheinland* im November 1995 das Frauenreferat, sich mit dem Problem der Gewalt gegen Frauen unter verschiedenen Aspekten zu befassen

61. Erste Referentin war seinerzeit die Niederländerin Jenny Schneider-van-Egten.
62. S. das Beispiel einer Veranstaltungsankündigung im Materialheft, S. 13f. Für 1997 hat die Bremische Kirche Mittel für ein Projekt »Gewalt gegen Frauen« bewilligt, das Bezug auf die Ergebnisse des Dekade-Gruppenbesuchs und die vorliegende Studie nehmen soll. Dabei wird die Arbeitsgruppe »Sexuelle Gewalt« als Unterstützungskreis fungieren.
63. Z.B. Amnesty for women, Zeitschrift Brigitte, Landeskriminalamt Hamburg.

und Vorschläge für künftiges kirchliches Handeln zu erarbeiten. U.a. wurde auf Anregung des Frauenreferates von der Kirchenleitung offiziell ein Runder Tisch berufen, dem auf landeskirchlicher Ebene Vertreterinnen und Vertreter verschiedener Einrichtungen der EKiR angehören. Deren Aufgabe besteht neben der umfassenden inhaltlichen Arbeit und Konzeptentwicklung vor allem in der Koordination verschiedener Vorhaben sowie der Sensibilisierung einer breiten Öffentlichkeit für die Gewaltthematik.

In der *Evangelischen Kirche der Pfalz* wird zur Zeit eine große Veranstaltungsreihe vom Herbst 1997 bis zum Frühjahr 1998 mit dem Titel »Gewaltverhältnisse und ihre Auswirkungen auf Frauen (und Kinder)« geplant. Für die Planung und Durchführung hat sich in Kooperation mit der Gleichstellungsstelle ein Arbeitskreis von Vertreterinnen und Vertretern der Männerarbeit, Kirchlicher Dienst in der Arbeitswelt (KDA), Erwachsenenbildung, Frauenarbeit, Landesjugendpfarramt und Diakonie gebildet, dessen Ziel u.a. darin besteht, das Thema Gewalt gegen Frauen in einen umfassenden gesellschaftlichen Horizont zu stellen. Dazu dienen auch die verschiedenen thematischen Schwerpunkte Theologie/Ethik, Wirtschaft/Arbeitswelt, Erziehung/Bildung sowie Recht/Beratung, zu denen jeweils zwei bis drei konkrete Einzelveranstaltungen angeboten werden sollen. Als Auftakt und Ende der Reihe sind zudem zentrale Veranstaltungen vorgesehen.[64]

Schon im März 1992 veranstaltete die Evangelische Akademie Iserlohn in Kooperation mit dem Frauenreferat der *Evangelischen Kirche von Westfalen* eine Tagung mit dem Titel »Wider die Gewalt-Verhältnisse. Für die sexuelle Selbstbestimmung von Frauen«, die sich anhand zahlreicher in einem Tagungsprotokoll vorliegender Referate umfassend mit den verschiedenen Bereichen, in denen Mädchen und Frauen sexueller Gewalt ausgesetzt sind, befaßte.[65]

Von nicht zu unterschätzender Bedeutung für die Auseinandersetzung mit dem Tabuthema sexueller Gewalt ist auch die Fortbildung derer, die betroffene Frauen und Mädchen beratend begleiten. So bot beispielsweise das Amt für Jugendarbeit der EKvW im Haus Villigst 1996/97 in kurzer Abfolge eine Fortbildungsreihe von ins-

64. In den Planungsgesprächen des Arbeitskreises wurde im übrigen ausdrücklich auf den Beschluß der EKD-Synode zu »Gewalt gegen Frauen« Bezug genommen.
65. Evangelische Akademie Iserlohn: Wider die Gewalt-Verhältnisse, Tagungsprotokoll 42/1992, Frauenreferat der EKvW, Dortmund.

gesamt viermal zwei Tagen an, die zur Thematik »Sexuelle Gewalt und weibliche Identität« u.a. eine Übersicht über die Differenzierung traumatisierender Gewalterfahrungen gab, Grundlagen der Diagnostik vermittelte und methodische Schritte in der Beratung und Begleitung Betroffener einübte und reflektierte.[66]

Im Bereich der *Evangelischen Landeskirche in Württemberg* veranstaltete die Evangelische Akademie Bad Boll im Mai 1995 und Juni 1996 Tagungen mit umfassendem Programm zu den Themen »Sexueller Kindesmißbrauch in der Familie. Ein Vorwurf und seine Folgen« sowie »Sexuelle Gewalt gegen Mädchen und Jungen in Familien. Professionelle Intervention heute: Eine Zwischenbilanz«. Eine offene Fachkonferenz mit Vorträgen und Workshops unter dem Titel »mordskerle«, gemeinsam veranstaltet von kirchlichen und kommunalen Einrichtungen[67] fand im Dezember 1996 in Stuttgart statt. Als Zielgruppen waren u.a. Personen in pädagogischen Berufen, Mitarbeiterinnen und Mitarbeiter in Kirchen, Vereinen, Bildungseinrichtungen, Beratungsstellen, Polizei und Justiz angesprochen. Eine bemerkenswerte Ausnahme stellte diese Tagung nicht nur aufgrund ihres umfangreichen Veranstaltungsangebots dar, sondern auch insofern als sie sich schwerpunktmäßig mit den Tätern und deren Umfeld auseinandersetzte.

In der Folge von Synodenbeschlüssen wie auch aufgrund von Initiativen einzelner Einrichtungen oder Arbeitskreise entstanden in den letzten Jahren eine ganze Reihe von *Arbeitshilfen* und Materialien, die sich allgemein oder schwerpunktmäßig mit Teilbereichen der Gewalt gegen Frauen und Mädchen befassen. So setzten beispielsweise die Abteilungen Jugendhilfe in den beiden *Diakonischen Werken Baden*

66. S. Materialheft, S. 15f; eine ganz ähnliche, ebenfalls viermal zwei Tage stattfindende Fortbildungsreihe für Multiplikatorinnen zum Thema Sexueller Mißbrauch wurde 1994/95 in der *westfälischen Kirche* von der Evangelischen Akademie Iserlohn, dem Frauenreferat der EKvW, Evangelische Erwachsenenbildung (EEB), Pastoralkolleg und dem Amt für Jugendarbeit als Träger veranstaltet. Der Ausschuß für Frauenarbeit der *Evangelisch-Reformierten Kirche* bot in Zusammenarbeit mit der EEB Niedersachsen im März 1996 ein Seminar für Leiterinnen von Frauenkreisen zur Thematik »Gewalt gegen Frauen« an. Siehe im Materialheft die Tagungsankündigung der Ev. Akademie Loccum »Wie schützen wir unsere Kinder. Vom gesellschaftlichen Umgang mit sexueller Gewalt«, vom 19. – 21. Sept. 1997, S. 17f.
67. Veranstalter/innen: Gleichstellungsstelle und Jugendamt der Stadt Stuttgart, Frauenbeauftragte der Evangelischen Landeskirche Württemberg, Landeszentrale für politische Bildung in Baden-Württemberg und Volkshochschule Stuttgart; s. Materialheft, S. 19f.

und Württemberg im Frühjahr 1992 eine Arbeitsgruppe aus Mitarbeiterinnen und Mitarbeitern ihrer Jugendhilfeeinrichtungen ein, die den Auftrag erhielt, Rahmenbedingungen für die Arbeit mit von sexueller Gewalt betroffenen Kindern zu erstellen. Als Ergebnis wurde im Anschluß an eine Fachtagung eine breitgefächerte Arbeitshilfe unter dem Titel »›Ich will das nicht‹. Sexuelle Gewalt an Mädchen« vorgelegt.[68] Das Heft versteht sich als eine Gesprächs- und Orientierungshilfe für Einrichtungen der Jugendhilfe und dient insofern vorrangig der internen Fachdiskussion.

In Erfüllung der Beschlüsse der Synode der *Evangelischen Kirche in Hessen und Nassau* von 1990 (s.o.) legten die Arbeitsstelle Frauen in der Kirche der EKHN und die Arbeitsstelle für Erwachsenenbildung der EKHN gemeinsam ein Arbeitsheft mit pädagogischen Materialien im Rahmen und unter dem Titel eines umfassenden Projektes »Himmel und Erde – Frauen in Gewaltverhältnissen« vor.[69] Die Arbeitshilfe gliedert sich nach verschiedenen inhaltlichen Schwerpunkten, wie »Gewalt als Thema kirchlicher Praxis«, »Frauenbilder zwischen Tradition und Wandel«, »Sexuelle Gewalt«, »Sexuelle Belästigung am Arbeitsplatz« und bietet hierzu eine Fülle von Materialien in Form von Informationen, Analysen, Erfahrungsberichten, Interpretationen, pädagogischen Ideen, Konzepten usw.

Eine Zusammenstellung von Arbeitsmaterialien u.a. zur Thematik von Zwangsprostitution und Vergewaltigung im Krieg unter dem Titel »Zerrissen« hat 1995 aus Anlaß des Internationalen Protesttages gegen Gewalt gegen Frauen (25. November) der Bereich Frauen- und Männerarbeit im Amt für kirchliche Dienste in der *Evangelischen Kirche von Kurhessen-Waldeck* herausgegeben.[70] Hier sind in

68. »Ich will das nicht«. Sexuelle Gewalt an Mädchen, hrsg. vom Diakonischen Werk der Evangelischen Landeskirche in Baden e.V. und vom Diakonischen Werk der Evangelischen Landeskirche in Württemberg e.V.; u.a. enthält diese Publikation ein ausführliches und gut gegliedertes Literaturverzeichnis.; s.a. Materialheft.
69. Himmel und Erde. Pädagogische Materialien zum Thema »Frauen in Gewaltverhältnissen«, OKE 32, hrsg. von Ulrike Hofmann (Arbeitsstelle Frauen in der Kirche der EKHN) und Cornelia Rohloff (Arbeitsstelle für Erwachsenenbildung der EKHN), Darmstadt 1995. Das Projekt beinhaltete zudem eine thematische Kunstausstellung im Herbst 1995 in Frankfurt inklusive Katalog (Himmel und Erde – Frauen in Gewaltverhältnissen, hrsg. u.a. von Brigitte Franzen im Auftrag der EKHN, Marburg 1995; s. Materialheft, S. 21ff) einen Videofilm unter dem Titel »Evas Töchter beweinen ihre Wunden« sowie ein zentrales Veranstaltungsprogramm zum Thema.
70. Zerrissen. Zwangsprostitution und Vergewaltigung im Krieg, hrsg. vom Amt für kirchliche Dienste, Kassel 1995.

Erinnerung an das Kriegsende 1945 in Deutschland in einem eigenen Materialteil auch Informationen zur Zwangsprostitution im Nationalsozialismus und zu den zahlreichen Vergewaltigungen nach Kriegsende aufgenommen.
Im *Nordelbischen Frauenwerk* bildete sich im Rahmen der Ökumenischen Dekade eine Gruppe »Sexismus und Rassismus«, die im April 1994 Arbeitsmaterialien zum Thema Gewalt gegen Frauen mit dem Schwerpunkt sexistischer Gewalt veröffentlichte, die für Frauengruppen als Anregung und Hilfestellung für einen Einstieg in die Thematik gedacht sind.[71] Ebenfalls vom Nordelbischen Frauenwerk wurde inzwischen eine Arbeitshilfe zum Thema »Sexualität von Frauen« herausgegeben, die sich auch mit sexueller Gewalt auseinandersetzt. Dieses Heft entstand in einer Arbeitsgruppe, der u.a. Mitarbeiterinnen des Frauenwerkes, des Diakonischen Werkes, der Frauenarbeit sowie des Frauenreferates angehörten.[72]
In der *Evangelischen Kirche der Pfalz* haben sich im Anschluß an einen von der Gruppe »Frauen wagen Frieden« veranstalteten Studientag im Februar 1996 Vertreterinnen und Vertreter von Frauenarbeit, Gleichstellungsstelle, Arbeitsstelle Friedensdienst/ Konziliarer Prozeß, Frauen wagen Frieden sowie später auch von Erwachsenenbildung und Jugendarbeit zu einer Arbeitsgruppe zusammengefunden, um eine Materialsammlung in Form eines auch weiter zu ergänzenden Ordners zu erstellen. Das Anliegen war, das vielfältige Material zum Thema Gewalt gegen Frauen speziell für die kirchliche Arbeit fruchtbar zu machen und somit allen hauptberuflich wie ehrenamtlich in kirchlichen Bereichen tätigen Menschen Informationen und Impulse für ihre Arbeit zu liefern. Hierzu wurden sowohl Fakten, Definitionen, juristische Informationen, die Behandlung theologischer Grundsatzfragen und Materialien für die Arbeit mit Kindern, Jugendlichen und Erwachsenen sowie für Gottesdienst und Seelsorge als auch weitere Bausteine und Hinweise aufgenommen.[73]

71. Gewalt gegen Frauen, Arbeitsmaterialien für Veranstaltungen gegen Rassismus und Sexismus, Sexismus/Rassismus-Gruppe im Nordelbischen Frauenwerk, April 1994, Nr. 2
72. Wir Frauen in der Kirche, Sexualität von Frauen, Arbeitshilfe für Frauengruppen, hrsg. vom Nordelbischen Frauenwerk, März 1996, zur Entstehungsgeschichte vgl. die Einleitung.
73. Von Frauennot und Männerangst. Gewalt. Hrsg. v. der Ev. Kirche der Pfalz, Landeskirchenrat, Speyer 1997Anmerkung wird nachgeliefert; Mappe liegt noch nicht vor.

In der *Evangelisch-Lutherischen Landeskirche Sachsens* wird aufgrund der Initiative der Gleichstellungsbeauftragten eine Dokumentation über sexuelle Gewalterfahrungen und deren Auswirkungen auf den persönlichen Glauben der Betroffenen erarbeitet.[74]

III.3 Initiativen und Projekte

Gewalt gegen Frauen und insbesondere sexueller Mißbrauch waren auf dem *Evangelischen Kirchentag 1993* in München eines der vorherrschenden Themen des Frauenzentrums, das von einer Gruppe des Arbeitsbereichs Frauen in der *Evangelisch-Lutherischen Kirche in Bayern* und der Frauenarbeit in Bayern vorbereitet und veranstaltet wurde. Neben Gottesdiensten, Bibelarbeiten, Vorträgen und anderen Veranstaltungen gab es hier in zahlreichen Workshops und Kleingruppen Möglichkeiten zu gegenseitigem Erfahrungsaustausch und helfender Unterstützung, die von vielen Frauen intensiv wahrgenommen wurden.[75] Ähnliches galt für das Frauenforum des Kirchentages, das sich schwerpunktmäßig mit der Gewaltthematik auseinandersetzte. Die *Männerarbeit der EKD* startete 1993 anläßlich ihres Jahresthemas »Sanftmut den Männern – der Gewalt widerstehen« eine bemerkenswerte Plakataktion, mit der sie unter der Überschrift »An die Männer in Deutschland« in Form eines ›Briefes‹ die Leser dazu aufrief, selbst aktiv zu werden, um die Kreisläufe von Gewalt und Gegengewalt zu durchbrechen.[76] Regional unterschiedlich wurde das Thema in den Landeskirchen in den folgenden Jahren aufgegriffen: So initiierte die Männerarbeit der Ev.-luth. Landeskirche in Braunschweig ein Männerberatungsprojekt in Kooperation mit der Telefonseelsorge. Erwähnenswert ist auch das Engagement während eines Sondervikariats für Männerfragen in Anbindung an die Gewalttherapiearbeit der »Mannege« in Berlin.[77] Auf Initiative des *Frauen-*

74. Ansonsten liegt aus den östlichen Gliedkirchen leider kaum Material vor.
75. Vgl. dazu die ausführliche Dokumentation: Frauen im Zentrum. Begegnen – Auseinandersetzen – Verabreden, Dokumentation zum Evangelischen Kirchentag 1993 in München, hrsg. von der Arbeitsgruppe »Frauenzentrum beim Kirchentag in München« des Arbeitsbereichs Frauen in der Evang.-Luth. Kirche in Bayern und der Evangelischen Frauenarbeit in Bayern, München 1994.
76. S. Materialheft, S. 25.
77. Vgl. Lit.-Verz. Martin Dubberke; Fragebogenaktion der Männerarbeit der EKiBB auf dem Ev. Kirchentag 1997 in Leipzig; s. Materialheft, S. 27f.

referates der EKD und der *Evangelischen Frauenarbeit in Deutschland* kam es Ende 1992 angesichts der Massenvergewaltigungen im ehemaligen Jugoslawien zu einer bundesweiten Unterschriften- und Spendenaktion. Die Bundesregierung wurde aufgefordert, sich u.a. dafür einzusetzen, daß Vergewaltigungen als Kriegsverbrechen verurteilt und den betroffenen Frauen sowie deren Familienangehörigen Aufenthaltsgarantien in der Bundesrepublik zugesichert werden.[78] Die Verwaltung der Spendenmittel und die Projektförderung vor Ort sowie die Weiterleitung der Unterschriften lagen in den Händen der *EFD*. Allein in der bayerischen Kirche, wo über einen Rundbrief des Frauenreferats an die Dekanatsdelegierten dieser Aufruf verbreitet wurde, kamen ca. 18.500 Unterschriften zusammen. Aufgrund eines anderen Massenphänomens sexueller Gewalt, der zunehmenden Prostitution von Kindern in der »Dritten Welt« infolge des anwachsenden Sextourismus, wurde 1990 eine internationale Kampagne unter dem Titel »End Child Prostitution in Asian Tourism« (ECPAT) ins Leben gerufen, der die Gründung von Kampagnen auf nationaler Ebene folgte. In der Bundesrepublik konstituierte sich im März 1991 »Die deutsche Kampagne gegen Kinderprostitution im Sextourismus«. Von den ursprünglich 13 und später dann insgesamt 29 Trägerorganisationen entstammten etwa die Hälfte dem evangelischen bzw. ökumenischen Bereich. Maßgeblich beteiligt war hier vor allem die *EFD* als Mitglied im Arbeitsausschuß der Kampagne, aber auch Organisationen wie beispielsweise *Brot für die Welt*, die *EFHiD*, das *Fraueninformationszentrum (FIZ) in Stuttgart*[79] oder der *Kirchliche Entwicklungsdienst* und etliche Einrichtungen der *Evangelischen Kirche von Westfalen* fanden sich unter den Trägern. Hinzu kamen 16 Förderorganisationen, darunter mehrheitlich Kirchenkreise und Gemeinden aus Westfalen, wo sich zudem ein eigener Arbeitskreis bildete.[80] Die Ziele der Kampagne bestanden darin,

78. S. Materialheft, S. 29.
79. Das Fraueninformationszentrum ist eine Beratungseinrichtung, die u.a. von der Evangelischen Landeskirche in Württemberg finanziert wird; s. das Faltblatt im Materialheft, S. 31f.
80. Dem Arbeitskreis gehörten folgende Mitglieder an: die Westfälische Arbeitsstelle »Ökumenische Dekade«, Soest; die Evangelische Frauenhilfe in Westfalen e.V.; die Männerarbeit der EKvW, Schwerte-Villigst; das Informationszentrum 3. Welt, Herne; die Vereinte Evangelische Mission; die Dortmunder Mitternachtsmission; das Frauenreferat der EKvW, Dortmund; kreiskirchliche Frauenausschüsse und Kirchenkreise in der EKvW; s. das Faltblatt im Materialheft, S. 33f.

»– über Hintergründe und Ausmaß der Kinderprostitution sowie über die physischen und psychischen Leiden der Opfer zu informieren,
- öffentliche und private Diskussionen über die Ursachen von Sextourismus und sexueller Ausbeutung von Kindern anzuregen,
- ein kritisches Bewußtsein unter Reiseveranstaltern zu wecken,
- zu einem deutlichen Rückgang von sexueller Gewalt gegen Kinder im eigenen Land und durch deutsche Touristen im Ausland beizutragen.«[81]

Als Erfolg kann die Kampagne u.a. eine Gesetzesänderung vom Juni 1993 verbuchen, die den sexuellen Mißbrauch von Kindern durch Bundesbürger auch im Ausland zum Straftatbestand erklärt. Auch die großen deutschen Reiseveranstalter haben sich inzwischen vertraglich verpflichtet, jegliche Form von Zusammenarbeit mit Hotels und Agenturen, die Kinderprostitution anbieten, aufzukündigen. Die deutsche Kampagne wurde 1994 offiziell beendet; es konstituierte sich jedoch im Anschluß die »Deutsche Arbeitsgemeinschaft gegen Kinderprostitution«.[82]

Gegen den Handel mit Frauen aus Osteuropa, die in Deutschland zur Prostitution gezwungen werden, wandten sich 1996 in einer gemeinsamen Initiative das Frauenwerk und das Frauenreferat der

81. Auszug aus dem o.g. Faltblatt der EKvW.
82. Vgl. auch die umfassende Dokumentation: Kinderprostitution und Tourismus. Die deutsche Kampagne gegen Kinderprostitution im Sextourismus 1991-1994; s. Materialheft, S. 35ff. Ebenfalls beteiligt war die EFD an einer 1993 ins Leben gerufenen bundesweiten Kampagne zur Änderung des § 19 Ausländergesetz, die das uneingeschränkte, eigenständige Aufenthaltsrecht für ausländische Ehegatten bei der Eheschließung fordert, um zu verhindern, daß mißhandelte ausländische Ehefrauen, die vor Ablauf von vier Ehejahren vor ihren Männern geflüchtet sind, bzw. von ihnen verlassen wurden, ihr Aufenthaltsrecht verlieren; vgl. dazu: Kampagne zur Änderung des § 19 Ausländergesetz, Verlauf, Stand, Perspektive, Dokumentation 1993/94, hrsg. von der Bundesweiten Initiative zur Änderung des Paragraphen 19 Ausländergesetz.
Die EFD gab in Zusammenarbeit mit der Arbeitsgruppe 8 (Flüchtlingsfrauen) zur Vorbereitung der Weltfrauenkonferenz in Peking 1995 anläßlich einer Tagung im September 1995 in Bonn die Dokumentation »Zur Situation von Flüchtlingsfrauen im Asylverfahren und in Sammelunterkünften« heraus. Auch hier spielt die Gewaltthematik eine entscheidende Rolle.
Für eine Gesetzesänderung hinsichtlich der Strafbarkeit der Vergewaltigung in der Ehe (§177, 178 StGB) unter Ausschluß des Widerspruchsrechts der Ehefrau als Verfahrenshindernis hat sich die Evangelische Aktionsgemeinschaft für Familienfragen (EAF) eingesetzt; s. Materialheft, S. 43f.

Nordelbischen Evangelisch-Lutherischen Kirche in Zusammenarbeit mit der Zeitschrift Brigitte, indem sie ein Faltblatt für betroffene Frauen mit entsprechenden Informationen und Warnungen in deutscher sowie polnischer Sprache verbreiteten.[83]
Eine internationale Initiative gegen Krieg und Gewalt entstand in den vergangenen Jahren mit der Aktion »Frauen in Schwarz«. Als Zeichen der Mahnung und des Protestes versammelten sich erstmals 1977 schweigend die argentinischen Mütter verschwundener Angehöriger zu Mahnwachen. Später wählten auch Frauen in anderen Ländern diese Aktionsform, um gegen eine Politik der Gewalt zu demonstrieren. Im Oktober 1991 begannen in Belgrad regelmäßig Frauen in Schwarz gegen Krieg und Vergewaltigung in ihrem Land zu protestieren. Es folgte eine internationale Solidaritätswelle, indem sich Frauen vorwiegend in Australien und verschiedenen europäischen Ländern dieser Aktion zur Unterstützung und Erinnerung an das Leiden der Frauen im ehemaligen Jugoslawien und anderen Teilen der Welt anschlossen. Auch der Ökumenische Rat der Kirchen hat im Rahmen der Ökumenischen Dekade 1988-1998 sowohl Frauen wie Männer zur Beteiligung an den Mahnwachen in Schwarz gegen Gewalt und Vergewaltigung im Krieg aufgerufen. In Deutschland organisierten landesweit zahlreiche Kirchengemeinden und -kreise, Frauenverbände und -einrichtungen sowie einzelne Initiativen und Arbeitskreise wöchentliche Mahnwachen von Frauen in Schwarz.[84]

III.4 Gottesdienstentwürfe und Liturgien

Zum Thema Gewalt gegen Frauen sind in den letzten Jahren – oftmals im Rahmen der Ökumenischen Dekade »Solidarität der Kirchen mit den Frauen« – etliche Gottesdienstentwürfe und -bausteine erarbeitet worden. Einige legen den Schwerpunkt explizit auf die Gewaltproblematik, andere beziehen sich nur in einzelnen Elementen auf das Thema.

83. S. Materialheft, S. 45f.
84. Vgl. dazu den Materialordner der Westfälischen Arbeitsstelle »Ökumenische Dekade – Solidarität der Kirche mit den Frauen (1988-1998)«: Frauen in Schwarz, hrsg. von Antje Heider-Rottwilm, 1995; s. Materialheft, S. 47ff.

Für eine Frauenprozession auf dem *Evangelischen Kirchentag 1993* in München erstellte eine Initiativgruppe im Frauenreferat der Evangelischen Landeskirche in Bayern ein Liturgieheft mit ausdrücklichem Bezug zur Mitte der Dekade. Unter dem Motto »Frauen in der Kirche – Wir lassen uns nicht aufhalten!« wurde u.a. sexuelle Gewalt als mit der Würde der Frauen unvereinbar gebrandmarkt.
Auch beim *Gottesdienst zum Tag der Menschenrechte* im Dezember 1995 stand die Würde der Frauen und damit die Gewaltthematik unter der Überschrift »Frauenrechte sind Menschenrechte, weltweit verletzt – auch in Deutschland« im Zentrum. Für diesen Gottesdienst wurde u.a. vom Frauen- und Menschenrechtsreferat der EKD und der EFD ein Gottesdienstentwurf konzipiert, der mit einer Auflage von ca. 20.000 Exemplaren eine außerordentlich weite Verbreitung fand.[85]
Insbesondere strukturelle Gewalt war ein Thema des ökumenischen Weltgebetstages der Frauen 1997, der dieses Jahr von Christinnen aus Südkorea vorbereitet wurde.[86]
Anläßlich der Ökumenischen Dekade werden in verschiedenen Gliedkirchen Gottesdienstmaterialien zu speziellen Dekadesonntagen angeboten. So erarbeiteten in der *Evangelisch-Lutherischen Kirche in Bayern* das Ökumenereferat, der Bayerische Mütterdienst e.V. und der Arbeitsbereich Frauen in der Kirche für 1996 zwei Gottesdienstmodelle zum Thema »Versöhnung suchen – Leben gewinnen. Was kommt vor der Versöhnung?«, in deren Mittelpunkt auf der Textgrundlage von Ri 11, 29-40 (Opferung der Tochter Jeftahs) vordringlich Gewalt- und Abhängigkeitsverhältnisse stehen. Schon 1993 wurde am Dekadesonntag am Beispiel der Geschichte von Thamar (Gen 38) die Gewaltproblematik in den Mittelpunkt gerückt.
Ebenso werden in der *Evangelischen Kirche von Westfalen* seit einigen Jahren Gottesdienstentwürfe zur Dekade herausgegeben.[87]

85. S. Materialheft, S. 51ff.
86. Weltgebetstag 1997: Wachsen – wie ein Samenkorn zum Baum, hrsg. vom Deutschen Weltgebetstagskomitee nach der vom Internationalen WGT-Komitee herausgegebenen Gottesdienstordnung von Frauen aus Korea, 1996; s. Materialheft, S. 59ff.
87. Erstellt werden diese Materialien in Zusammenarbeit von der Westfälischen Arbeitsstelle »Ökumenische Dekade«, der Arbeitsstelle Gottesdienst der EKvW, der Mannerarbeit der EKvW und dem Frauenreferat der EKvW.

Für das Jahr 1996 stellte auch der landeskirchliche Ausschuß zur Ökumenischen Dekade der *Evangelischen Landeskirche in Württemberg* Materialien für einen Dekadegottesdienst zusammen. Hier wurde der Termin für den Gottesdienst mit nachdrücklicher Unterstützung des Männerwerkes auf den jährlichen Männersonntag gelegt, um in gemeinsamer Verantwortung zu betonen, daß der Dekadesonntag kein genuiner ›Frauensonntag‹ ist. Der Dekadesonntag 1997 stand unter dem Thema »Das Schweigen brechen – Gewalt im Geschlechterverhältnis«.

Neben Gottesdienstvorschlägen, die mit einem ausdrücklichen Bezug zur Dekade konzipiert sind, liegen eine Reihe weiterer Anregungen für Gottesdienste vor, in denen Gewalt gegen Frauen thematisiert wird. So ist bei der Frauenarbeit der *Evangelischen Landeskirche in Baden* seit März 1993 eine Liturgie für Frauen-Andachten an jedem ersten Freitag im Monat zu beziehen.[88] Die Initiative gründet auf der Idee, gemeinsam gesamtgesellschaftliche Verantwortung für das Leben im Hinblick auf aktuelle Ereignisse wahrzunehmen. Dabei spielt die Gewaltthematik eine wesentliche Rolle und so wurde die Aktion auch zunächst unter das Motto »Der Gewalt ein Ende« gestellt.

Im Auftrag des Amtes für Öffentlichkeitsdienst der *Bremischen Evangelischen Kirche* wurde zum Jahreswechsel 1994/95 eine Predigtreihe mit dem Titel »Mache der Furchtsamen Mut« herausgegeben, die fünf von Frauen in einer Bremer Gemeinde gehaltene Predigten über Gewalt gegen Frauen in biblischen Texten dokumentiert.[89]

Zu Frauengottesdiensten laden im Bereich der *Nordelbischen Evangelisch-Lutherischen Kirche* Pastorinnen aus dem Kirchenkreis Altona, das dortige Frauenwerk und die Arbeitsstelle Ökumenische Dekade ein. Die seit September 1994 viermal jährlich in Altona angebotenen Gottesdienste befassen sich anhand verschiedener Psalmen mit Gewalterfahrungen von Frauen und möchten damit zugleich zur Enttabuisierung dieses Themas beitragen.[90]

88. S. Materialheft, S. 69f.
89. Mache der Furchtsamen Mut. Frauen predigen über Gewalt gegen Frauen in biblischen Texten, hrsg. von Jutta Blanke im Auftrage des Amtes für Öffentlichkeitsdienst der Bremischen Evangelischen Kirche.
90. Zusätzlich wurden in der Gemeinde drei Frauenabende mit dem Thema »Unsere alltägliche Erfahrung von Gewalt« veranstaltet; s. Materialheft, S. 71.

Die Evangelische Frauenhilfe in *Westfalen* bereitete 1992 aus aktuellem Anlaß einen »Klagegottesdienst in Solidarität mit Frauen, die in serbischen Lagern massenhaft vergewaltigt werden« vor, der eine außerordentlich hohe Verbreitung erfuhr.

III.5 Praktische Hilfen

Frauenhäuser

Schutz vor Partnergewalt, Hilfe und Unterstützung bilden den Schwerpunkt der parteilichen Arbeit mit von Gewalt betroffenen Frauen und Kindern in den Frauen- und Kinderschutzhäusern sowie Zufluchtswohnungen der Diakonie. Neben den konkreten Hilfen für die Betroffenen wird hier zudem intensive Prävention durch Öffentlichkeitsarbeit und Vernetzung geleistet und versucht, für die Zusammenhänge von Männergewalt und männlich dominierter Gesellschaftsordnung zu sensibilisieren.

Von den insgesamt etwa 370 Frauenhäusern in der Bundesrepublik sind in der Zwischenzeit 32 Frauenhäuser (darunter ein internationales Frauenflüchtlingshaus in Köthen, getragen von der Stadtmission Magdeburg) und 5 Frauenzufluchtswohnungen in evangelischer Trägerschaft, davon allein 14 in den neuen Bundesländern. Einige weitere Häuser befinden sich, so etwa in Görlitz, in der Planung bzw. im Aufbau.[91]

Frauenhäuser nehmen mißhandelte und von Gewalt bedrohte Frauen und deren Kinder für eine gewisse Übergangszeit auf und bieten ihnen Schutz, Beratung und Hilfe in organisatorischen Bereichen[92]. Die Arbeit der Frauenhäuser versteht sich als Anti-Gewalt-Arbeit; sie umfaßt die ambulante Beratung von Frauen, die Arbeit mit Frauen und Kindern während des Aufenthaltes, nachgehende Beratung und Begleitung im Anschluß an den Aufenthalt im Frauenhaus, sowie – darüber hinaus – Öffentlichkeitsarbeit. Die Dauer des Aufenthalts kann wenige Tage betragen, sich im Einzelfall aber auch über ein Jahr und länger hinziehen. Etwa zwei Drittel der Frauen bringen Kinder mit, so daß die Zahl der Kinder im Frauenhaus die der Frau-

91. Stand Sommer 1997.
92. Nicht aufgenommen werden in der Regel wohnungslose Frauen sowie Frauen mit unbehandelten Suchtproblemen und akuten psychischen Erkrankungen.

en um ca. ein Viertel übersteigt. Die Arbeit mit den Kindern besitzt einen hohen Stellenwert.

Als Beispiel für Frauenzufluchtswohnungen sei die Konzeption der »Frauenberatung Cosmarweg« in der Trägerschaft des Diakonische Werkes Berlin-Brandenburg angeführt. Dort stehen inzwischen vier nichtanonyme Wohnungen zur Verfügung, die bevorzugt an Frauen aus dem Bezirk vergeben werden. Zugleich befindet sich hier eine offene Beratungsstelle für Frauen, die wöchentlich Einzelgespräche in Anspruch nehmen können. Durch diese vornehmlich für Frauen aus der näheren Umgebung ausgerichtete Arbeit und die Doppelgleisigkeit von Zufluchtswohnungen und offener Beratung wird ein Verbleiben im sozialen Umfeld sowie die Kontaktaufnahme und der Austausch mit Frauen, die zur Beratung kommen, ermöglicht und damit die Isolation und Anonymisierung mißhandelter Frauen weitgehend vermieden. Die durchschnittliche Aufenthaltsdauer beträgt hier ein bis eineinhalb Jahre.[93]

Seit 1990 besteht als Zusammenschluß evangelischer Frauenhäuser eine Arbeitsgemeinschaft Evangelische Frauenhäuser, die ihre vordringliche Aufgabe zunächst in der innerkirchlichen Öffentlichkeitsarbeit zur Gewaltproblematik sieht, Rahmenbedingungen für die Frauenhausarbeit verbessern will und überdies versucht, kirchliche Entscheidungsträger für die Förderung und Neugründung von Frauenhäusern oder Projekten zum Schutz der von Gewalt betroffenen Frauen zu gewinnen.[94]

Darüber hinaus hat sich die »Arbeitsgruppe Frauenhaus« aus einem Fachausschuß der Bundesarbeitsgemeinschaft der Freien Wohlfahrtspflege zusammengefunden, der die Vertreterinnen des AWO-Bundesverbandes, des Paritätischen Wohlfahrtsverbandes, des Diakonischen Werkes der EKD und des Sozialdienstes katholischer Frauen, Zentrale, angehören. Erstmals in der Geschichte der Frauenhaus-Bewegung fand infolge deren Initiative im September 1994 ein Forum unter dem Motto »Vielfalt ist Stärke! Erste Schritte gemeinsamer Frauenhausarbeit« statt, auf dem Vertreterinnen der verbandlichen und autonomen Frauenhäuser gemeinsam über Stand und Perspektiven ihrer Arbeit diskutierten und sich auf zentrale

93. Vgl. Dokumentation der Beratungsstelle Cosmarweg, Frauenzufluchtswohnungen, DW Berlin-Brandenburg e.V., Cosmarweg 17-19, 13591 Berlin.
94. S. Faltblatt der AG Evangelische Frauenhäuser im Materialheft, S. 73f.

Forderungen einigten.[95] Ein weiteres Fachforum mit dem Thema »Frauenhaus in Bewegung« wurde unter Federführung des Diakonischen Werkes im November 1996 anläßlich des 20-jährigen Bestehens der Frauenhäuser in Berlin veranstaltet.

Beratungseinrichtungen

Evangelische Beratungseinrichtungen werden zunehmend mit den Problemen sexueller Gewalt konfrontiert. Dies betrifft sowohl die Mißhandlung von Kindern, als auch die Aufarbeitung früherer traumatischer Mißbrauchserfahrungen bei Erwachsenen. Als Beratungs*anlaß* wird sexuelle Gewalt in der Ehe- und Paarberatung eher selten genannt, möglicherweise ist das Thema dafür zu belastend. Regional verortet findet jedoch in einigen Beratungsstellen auch Beratung und Therapie mit Gewalttätern statt. Insgesamt leisten die Erziehungs-, Familien-, Ehe-, Partnerschafts- und Lebensberatungsstellen als behördenfernes niederschwelliges Angebot in kirchlicher Trägerschaft wichtige Beiträge zur Aufarbeitung und Prävention sexueller Gewalt. Dies ist in besonderem Maße möglich durch das Zusammenwirken von Fachkräften verschiedener Fachrichtungen und Ausbildungen. Das multidisziplinäre Team bietet nachweislich gute Voraussetzungen für die psychologische Beratung von Ratsuchenden mit sexuellen Gewalterfahrungen.

In der Arbeit des *Evangelischen Zentralinstituts für Familienberatung* (EZI) in Berlin, das kirchliche sowie andere Mitarbeiterinnen und Mitarbeiter aus- und fortbildet, gehört daher die Thematik der Gewalt in zwischenmenschlichen Beziehungen und Strukturen zum Standard der Lehrinhalte. So bietet das EZI im Rahmen seiner Fortbildung in der Paarberatung/ Paartherapie die Möglichkeit, gewalttätige Beziehungen zu analysieren und Wege beraterischer Interventionen aufzuzeigen. Eines der zentralen Themen der Fortbildung in der Familienberatung/ Familientherapie bildet die Gewalt an Kindern bzw. deren sexueller Mißbrauch. Zusätzlich werden neuerdings jährliche Spezialveranstaltungen zur Gewalt in Ehe und Familie durchgeführt. Die Veranstaltungen zur Sexual- und Schwangerschaftskonfliktberatung thematisieren zunehmend auch sexuelle

95. Vgl. dazu die Dokumentation: Fachforum, Vielfalt ist Stärke, vom 19.-21. September 1994 in der Deutschen Landesjugendakademie, Bonn, veranstaltet vom Arbeitskreis Verbandliche Frauenhausarbeit; zu den Forderungen s. das Materialheft, wo sich zudem Informationsmaterialien einzelner Frauenhäuser finden, S. 75ff.

Probleme als Folge früherer Mißbrauchserfahrungen.[96] Zudem beteiligt sich das EZI in Form von Kongressen und Publikationen an der wissenschaftlichen Arbeit zur Gewaltthematik.[97]

Die *Evangelische Konferenz für Familien- und Lebensberatung e.V. Fachverband für Psychologische Beratung und Supervision* (EKFuL) hat eine Fortbildung zum Thema »Sexual-pädagogik und Sexualaufklärung« für Multiplikatorinnen und Multiplikatoren erarbeitet, die nun als ständiges Weiterbildungsangebot in das Programm des EZI aufgenommen ist. Die EKFuL selbst bietet inzwischen jährlich bundesweit eine Fortbildung zur ambulanten Arbeit mit Gewalttätern an, die auch die psychologische Beratung von Sexualstraftätern einschließt.[98]

Schon früher hatte auf landeskirchlicher Ebene die *Hauptstelle für Familien- und Lebensberatung in Hagen* zwei Beratungsstellenkonferenzen zum Thema »Sexuelle Mißhandlung/Mißbrauch« veranstaltet, in denen zunächst die Arbeit mit Opfern und später der Umgang mit Tätern im Vordergrund standen. Das Diakonische Werk in Herten e.V. unterhält zudem eine eigene Beratungsstelle gegen sexuellen Mißbrauch, die auch Fortbildungen für Multiplikatorinnen anbietet.

Regional unterschiedlich ist in Ehe-, Familien- und Lebensberatungsstellen – exemplarisch seien hier Rheinland[99], Bayern und Württemberg genannt – die Arbeit mit Opfern und Tätern in Fällen von Gewalt und sexuellem Mißbrauch seit längerem sowohl Thema von interner Fortbildung als auch Anlaß zu Veranstaltungen in Kooperation mit anderen Einrichtungen.

In der *Telefonseelsorge* ist die Gewalt der Ehemänner oder Partner vielfach Anlaß für den Beratungswunsch von Anruferinnen. Hier

96. So fanden u.a. Fortbildungen zu folgenden Themen statt: Behandlung der Opfer, Opferdynamik und Traumaverarbeitung, Grenzüberschreitung und Mißbrauch in der Therapie.
97. Vgl. etwa die deutsche Veröffentlichung des Buches von Fanita English: Es ging doch gut – was ging denn schief? Beziehungen in Partnerschaft, Familie und Beruf, München (4) 1988.
98. So im Dezember 1995 in Siegen und im September 1996 in Eisenach mit dem Thema »Beratung und Therapie mit Gewalttätern am Beispiel ambulanter Psychotherapie und Psychologischer Beratung mit Sexualstraftätern – Möglichkeiten und Grenzen«.
99. Vgl. Bericht des Arbeitskreises »Sexueller Mißbrauch« der Ev. Beratungsstelle für Erziehungs-, Ehe- und Lebensfragen, Düsseldorf 1993; s. Materialheft, S. 81ff.

wird während des Beratungsgesprächs auf das Vorhandensein von Frauenhäusern aufmerksam gemacht und/oder auf geeignete Beratungseinrichtungen hingewiesen. Vereinzelt wird von männlichen Anrufern eigene Gewalttätigkeit bzw. Angst vor eigener Gewaltausübung thematisiert.
Trotz der hier aufgezeigten Angebote in der psychologischen Beratung und den Fortbildungsveranstaltungen für Mitarbeiterinnen und Mitarbeiter in Beratungseinrichtungen zur Gewaltproblematik wird jedoch sehr deutlich, wie notwendig angesichts der wachsenden Aufmerksamkeit in der Öffentlichkeit und der zunehmenden Thematisierung von sexueller Gewalt in Beratungssituationen eine weitere Ausdifferenzierung dieses Arbeitsbereiches und eine Verstärkung dieser Fortbildungsmaßnahmen ist.

Weitere Einrichtungen und Projekte
Zunehmend werden auch bundesweit neben Kinderschutzzentren spezielle Mädchenhäuser eingerichtet. In Stuttgart gibt es seit 1987 das Projekt »Kobra e.V.«, bestehend aus einer Beratungsstelle und einem Mädchenhaus für sexuell mißbrauchte Mädchen. Kobra macht Fortbildungsangebote für Erzieherinnen, Sozialpädagoginnen und Psychologinnen, die in der Heimerziehung oder in der Mädchenarbeit tätig sind und unterhält darüber hinaus als offenes Angebot ein Mädchencafé. Ein Schwerpunkt liegt auf der Präventionsarbeit. Der Verein ist dem Diakonischen Werk Württemberg angeschlossen. In Unna, Westfalen, soll ebenfalls ein Mädchenhaus entstehen.
Eine andere, stärker auf Hilfen im sozialen Bereich ausgerichtete Beratung und Unterstützung bieten die Mitternachtsmissionen e.V., Fachverband im Diakonischen Werk. So unterhält beispielsweise die Dortmunder Mitternachtsmission e.V. eine Beratungsstelle für Prostituierte, die im Jahr 1995 von ca. 600 Frauen in Anspruch genommen wurde. Die dort tätigen Sozialarbeiterinnen betreiben aktive aufsuchende Sozialarbeit, indem sie sich an die verschiedenen Orte des Milieus begeben und Hilfe etwa bei Verhandlungen mit Ämtern, bei der Wohnungssuche, bei Schuldenregulierung etc. leisten und auf diese Weise versuchen, den Prostituierten begleitend den Ausstieg zu ermöglichen. Ein schwerwiegendes Problem, mit dem die Mitarbeiterinnen verstärkt konfrontiert werden, liegt in der zunehmenden Gewaltbereitschaft und Aggressivität innerhalb des Milieus und insbesondere in der steigenden Zahl von osteuropäi-

schen Prostituierten, die zum Teil Opfer von Menschenhandel und damit massiver Bedrohung und Gewalt ausgesetzt sind. Hier richtete die Mitternachtsmission u.a. einen Runden Tisch ein, zu dem Vertreterinnen und Vertreter verschiedener Behörden und Organisationen geladen waren, um gemeinsam geeignete Hilfsmaßnahmen zu treffen. Dabei standen vor allem die Schaffung von sicheren, dezentralen Unterbringungsmöglichkeiten und die psychosoziale Betreuung für die betroffenen Frauen im Vordergrund.[100]

Für den Sommer 1998 ist eine Tagung geplant, zu der das Diakonische Werk der EKD all diejenigen einlädt, die sich innerhalb der evangelischen Kirche und ihrer Diakonie mit Fragen von Prostitution und Menschenhandel befassen. Auf diese Weise soll – über eine Bestandsaufnahme und Problemanalyse hinaus – der Blick auf Handlungsnotwendigkeiten und Vernetzungsmöglichkeiten gelenkt werden.

Die Arbeit der Bahnhofsmission wurde bereits am Ende des 19. Jahrhunderts zum Schutz von jungen Frauen und Mädchen gegründet, die auf der Suche nach Arbeit vom Land in die Stadt kamen. Sie sollten vor gewalttätigen Übergriffen, aber auch vor der Gefahr der Prostitution geschützt werden. Heute sind es vor allem junge Frauen aus Osteuropa, die auf der Suche nach einer Arbeit und etwas Wohlstand nach Deutschland kommen und nicht selten in die Hände von Zuhältern geraten. Gerade die von Gewalt betroffenen Frauen aus dem Prostituiertenmilieu suchen manchmal Hilfe auf dem Bahnhof einer Großstadt. Die Mitarbeiterinnen und Mitarbeiter der Bahnhofsmission beraten weibliche Opfer von Gewalt und vermitteln sie in geeignete Einrichtungen und/oder an kompetente Beratungsstellen.

Einer der Arbeitsschwerpunkte des Vereines für internationale Jugendarbeit (VIJ), einem Fachverband im Diakonischen Werk, ist die Prävention der Gewalt gegen Frauen und Mädchen. Bei der Vermittlung von Au-Pairs in andere Länder, bei der Beratung und Begleitung von jungen Frauen, die aus anderen Ländern nach Deutschland kommen sowie bei der Beratung in bezug auf binationale Partnerschaften ist das »Gewaltthema« immanent und Gegenstand verschiedener Fortbildungen und Tagungen.

100. Vgl. dazu: Dortmunder Mitternachtsmission e.V., Jahresbericht 1995; s. Materialheft, S. 85ff.

Da wohnungslose Frauen, deren Zahl in den vergangenen Jahren stetig zugenommen hat, in verstärktem Maße gewalttätigen Übergriffen ausgesetzt sind, ist hier dringend Hilfe erforderlich.[101] In Kassel wurde daher beispielsweise von 1993-1995 ein Modellprojekt »Tageswohnung Karla 3 - Aufenthalt und Beratung für wohnungslose Frauen« im Rahmen der Abteilung »Alleinstehende Wohnungslose« im Diakonischen Werk des Kirchenkreise Kassel-Stadt, -Land und Kaufungen durchgeführt.[102] Hier ist inzwischen eine dauerhafte Finanzierung zugesagt. »Karla 3« versucht, wohnungslose Frauen in ihren extremen sozialen Schwierigkeiten beizustehen, indem praktische Hilfen zur Alltagsbewältigung, Notunterbringungen, Unterstützung bei der Wohnungssuche, Beratungen etc. angeboten werden. Mit der Tageswohnung selbst wird eine geschützte Räumlichkeit und Anlaufstelle zur Verfügung gestellt. Allein im Jahr 1995 suchten hier 153 Frauen und Kinder Kontakt und Hilfe.[103]
Ein besonderes Thema in diesem Kontext ist die sexuelle Gewalt gegen geistig behinderte Frauen und Mädchen. Der Verband Evangelischer Einrichtungen für Menschen mit einer geistigen oder seelischen Behinderung (VEEMB) hat dieses weithin tabuisierte Thema in einer Schrift »Sexuelle Gewalt gegen geistig Behinderte« aufgegriffen. Darin werden u.a. Veränderungen auf institutioneller und gesellschaftlicher Ebene zum Schutz von Mädchen, Frauen, Jungen und Männern gefordert.

III.6 Schlußfolgerungen

Problemanzeigen aus dem Material
Bei dem Versuch, aus der Bestandsaufnahme kirchlicher Aktivitäten zur Gewalt gegen Frauen in unmittelbarer Ableitung verschiedene Problemanzeigen zu eruieren, stößt man alsbald auf Grenzen.

101. Laut des Aufrufes zur bundesweiten Aktion gegen die Wohnungsnot von Frauen für den 20./21. September 1996, hrsg. von der Bundesarbeitsgemeinschaft Wohnungslosenhilfe e.V., waren im Jahr 1995 ca. 170.000 Frauen sowie ca. 180.000 Kinder und Jugendliche wohnungslos.
102. Finanziert wurde das Projekt vom Hessischen Ministerium für Frauen, Arbeit und Sozialordnung sowie vom Hessischen Landeswohlfahrtsverband.
103. Vgl. Diakonisches Werk Kassel-Stadt, -Land und Kaufungen, Jahresbericht 1995, Karla 3.

Diese ergeben sich zwangsläufig aus dem vorliegenden Material selbst, das durchgängig die Palette der Aktivitäten dokumentiert, welche tatsächlich stattgefunden haben, nicht aber die Vorhaben erwähnt, die – sei es aus personellem bzw. finanziellem Mangel oder auch aufgrund fehlenden Interesses – nicht verwirklicht werden konnten. Zudem läßt sich beispielsweise aus den verschiedenen Faltblättern und Seminarankündigungen kaum ablesen, wo Probleme aufgebrochen und wie die Resonanz auf die jeweiligen Angebote ausgefallen sind. Dennoch treten anhand der vorliegenden Materialsammlung einige Problemanzeigen deutlich hervor, andere hingegen sind eher indirekt zu erschließen.
Nahezu durchgängig fällt die *geringe Beteiligung der Männer* an der Auseinandersetzung mit der Gewaltthematik auf. So ist es offensichtlich notwendig, hinsichtlich der Ökumenischen Dekade »Solidarität der Kirchen mit den Frauen« wiederholt darauf hinzuweisen, daß es sich nicht um eine Dekade *von* Frauen *für* Frauen handelt, sondern hier gerade auch die Männer angesprochen sind. Diesen Umstand versuchte z.B. die Evangelische Landeskirche in Württemberg hervorzuheben, indem sie ihren Dekadesonntag 1996 auf den jährlichen Männersonntag legte. Wo bemerkenswerte Initiativen gestartet wurden, wie etwa die durchaus provokative Plakataktion des Männerwerks der EKD (s. Kapitel IV.3), fiel die Resonanz trotz manch kritischer Diskussion innerhalb der Männerarbeit ausgesprochen gering aus. So wurde bezeichnenderweise das Plakat vorwiegend und in großer Zahl von Frauen, kaum jedoch von den darin direkt angesprochenen Männern, angefordert.
Eine weitere Auffälligkeit liegt im Fehlen von Materialien – zumindest sind dem Kirchenamt bisher kaum Aktivitäten bekannt – aus den *östlichen Gliedkirchen*. Ein gewichtiger Grund liegt vermutlich darin, daß in der ehemaligen DDR Gewalt gegen Frauen selten thematisiert wurde und demzufolge die öffentliche Diskussion und verschiedene Arbeitsvorhaben, wie das Beispiel der Evangelisch-Lutherischen Landeskirche Sachsens zeigt (s. Kapitel IV.2), erst allmählich anlaufen. Bedenkt man, daß in der alten Bundesrepublik der öffentlichen Thematisierung der Gewaltproblematik in den Kirchen ein nahezu zwei Jahrzehnte währender gesellschaftlicher Diskussions- und Sensibilisierungsprozeß vorausging, so wird diese zeitliche Verzögerung durchaus verständlich. Daneben spielt sicherlich auch eine Rolle, daß nach der Wende zunächst dringliche Aufgaben

einer neu zu überdenkenden Standortbestimmung der östlichen Gliedkirchen sowie finanzielle Probleme im Vordergrund standen. Dennoch ist in den neuen Bundesländern in den letzten Jahren eine hohe Zahl von neu eingerichteten Frauenhäusern und Zufluchtswohnungen in diakonischer Trägerschaft (s. Kapitel IV.5) zu verzeichnen; ein Sachverhalt, der verdeutlicht, daß Gewalt gegen Frauen auch im Bereich der ehemaligen DDR ein ernst zu nehmendes Faktum darstellt.

EKD-weit ergeben sich Probleme aus der allgemein angespannten *finanziellen Situation* der Kirche. Insbesondere Frauenhäuser und Beratungseinrichtungen beklagen die zunehmend rückgängige finanzielle Unterstützung, die zu einem Abbau von Personal und damit zur Unterversorgung in der Betreuung von Hilfesuchenden führt. Insbesondere Frauenhäuser und Beratungseinrichtungen beklagen die zunehmend rückgängige finanzielle Unterstützung, die mitunter zu einem Abbau von Personal, einer stärkeren Arbeitsbelastung und damit zur Unterversorgung in der Betreuung von Hilfesuchenden führt. Hier ist zwar in erster Linie die unzureichende finanziell-rechtliche Absicherung, der Rückgang (oder die Stagnation bei gleichzeitiger Ausweitung der Aufgaben innerhalb der Arbeit) von staatlichen Zuschüssen zu beklagen, aber es ist auch zu bemerken, daß die Kostenbeteiligung der kirchlichen bzw. diakonischen Träger von Frauenhäusern meist marginal bleibt.[104] Veränderungen im Arbeitsförderungsgesetz erschweren oder verunmöglichen die Anstellung von ABM Kräften, dies betrifft vor allem die Einrichtungen in den neuen Bundesländern.

Mangelnde finanzielle Unterstützung führte dazu, daß - um nur ein Beispiel zu nennen – die Dortmunder Mitternachtsmission (s. Kapitel IV.5.c) aus finanziellen Gründen 1995/96 zwei Stellen nicht wieder besetzen konnte. Infolge dessen mußte die Arbeit im Bereich der Straßen- und Minderjährigenprostitution und in der nachgehenden Ausstiegshilfe eingestellt werden. Dies wiegt um so schwerer, als die Einsparungen an Personal mit der Zunahme von Prostitution und Gewaltbereitschaft im Milieu zusammenfallen, der Beratungsbedarf also stetig steigt. Angesichts der sich verschlechternden wirtschaftlichen und sozialen Lage spricht zudem einiges dafür, daß auch die oft gewalttätig ausgetragenen familiären Konflikte zunehmen werden und

104. Aus einer Umfrage der Ev. Frauenhäuser aus dem Jahr 1992.

damit vermutlich der Beratungsbedarf in allen entsprechenden Einrichtungen wachsen wird. Mögliche Stelleneinsparungen würden die Situation der Beratenden und vor allem der Betroffenen demnach erheblich verschärfen.
Als positive Entwicklung läßt sich eine *zunehmende Vernetzung* von kirchlichen Aktivitäten innerhalb einzelner Gliedkirchen sowie eine verstärkte Zusammenarbeit mit kommunalen Einrichtungen beobachten. Beispiele hierfür sind etwa die zahlreichen Tagungen bzw. Seminare, die von verschiedenen Veranstalterinnen und Veranstaltern gemeinsam getragen werden, die von Mitarbeiterinnen und Mitarbeitern verschiedener Einrichtungen in Arbeitsgruppen zusammengestellten Arbeitshilfen und insbesondere die Einsetzung von Runden Tischen, denen Vertreterinnen und Vertreter unterschiedlicher Arbeitsbereiche angehören (s. Kapitel IV.2). Solche Vernetzungen helfen einerseits sogenannte Doppelarbeit zu vermeiden, andererseits bieten sie vielfältige Möglichkeiten, die verschiedenen Aspekte der Gewaltthematik integrativ zusammenzubinden und somit zu einer umfassenderen Auseinandersetzung beizutragen. Zudem kann davon ausgegangen werden, daß eine Vernetzung gerade auch mit kommunalen Institutionen die Wahrnehmung und Wirksamkeit von Projekten und Veranstaltungen in der Öffentlichkeit fördert. Was darüber hinaus die Zusammenarbeit zwischen den einzelnen Gliedkirchen betrifft, so findet hier weniger häufig ein produktiver Austausch statt. Dies ist insofern verständlich, als oftmals konkrete Probleme und deren Lösungsversuche vor Ort im Vordergrund stehen. Dennoch könnte sich ein stärkerer Austausch beispielsweise von Materialien oder Veranstaltungsplanungen etc. als hilfreich und fruchtbar erweisen.
Angestiegen ist in den letzten Jahren das Angebot an *Fortbildungsmaßnahmen* speziell zum sexuellen *Mißbrauch von Kindern.* Da vor allem die Beraterinnen und Berater, die betroffene Kinder und Erwachsene helfend begleiten, selbst oft verunsichert vor der Konfrontation mit dieser erst allmählich enttabuisierten und hochsensiblen Thematik stehen, sind hier weitere Fortbildungsangebote sowie eine intensive Auseinandersetzung dringend notwendig. Zugleich läßt sich jedoch fragen, ob die zunehmende Konzentration auf die Thematik des Mißbrauchs nicht gewisse Probleme in sich birgt. So liegt u.U. die Gefahr eines verengten Blickwinkels nahe, der die Wahrnehmung der Gewaltproblematik vornehmlich auf den sexuellen

Mißbrauch reduziert und die Vielfalt von Situationen, in denen Frauen Gewalt ausgesetzt sind und damit auch deren Ursachen, aus den Augen verliert. Zudem führt die ständig präsente und oft reißerische Berichterstattung in den Medien zu einer Skandalisierung der Problematik, die ebenso eine differenzierte Auseinandersetzung verhindert wie der zwangsläufig irgendwann eintretende Effekt des Überdrusses. Auch einlinige Erklärungen im Sinne dessen, daß wer als Kind (sexuelle) Gewalt erlitten hat, später selbst zur Gewalttätigkeit neigt, mögen in vielen Fällen zutreffen, führen jedoch leicht in eine Kreislaufdiskussion und können Bagatellisierungstendenzen nach sich ziehen, da Verantwortlichkeiten für Gewalt nur noch schwer zuzuweisen sind. Angesichts dieser Gefahren scheint es für die kirchliche Arbeit angebracht, sich differenziert und längerfristig mit der Thematik des Kindesmißbrauchs und dessen Folgen zu befassen, ohne jedoch die Gewaltproblematik darauf zuzuspitzen bzw. im Anschluß an die Mediendiskussion selbst einer schlagzeilenträchtigen Öffentlichkeitsarbeit zu unterliegen.

Eine grundlegende und übergreifende Problematik bei der kirchlichen Auseinandersetzung mit dem Thema Gewalt scheint in der Vermittlung von *theologischen und gesellschaftspolitischen Fragen* sowie den entsprechenden Handlungsansätzen zu liegen. Zwar finden sich in der Mehrzahl der Arbeitshilfen und Tagungsdokumentationen sowohl theologische Reflexionen wie praxisorientierte Überlegungen und Hilfen, jedoch stehen diese oftmals auffällig unverbunden nebeneinander. Integrative Konzepte, die theologische Ethik, gesellschaftspolitische Wirklichkeit und Handlungsperspektiven überzeugend miteinander verbinden, sind trotz der oben genannten Möglichkeiten einer zunehmenden Vernetzung nur ansatzweise vorhanden und vermutlich sehr schwer zu entwickeln. Allerdings ist zu bedenken, daß derartige Vermittlungsschwierigkeiten nicht allein hinsichtlich der Gewaltthematik, sondern in bezug auf zahlreiche ethische Fragen auftreten.

Darüber hinaus wäre zu fragen, ob die zahlreichen Veranstaltungen zur *Veränderung von Gewaltverhältnissen* beitragen. Vielfach handelt es sich anscheinend um punktuelle Angebote, bei denen indirekt und direkt von Gewalt betroffene Frauen zusammenkommen. Der hier stattfindende Austausch von Erfahrungen und Informationen bietet dringend notwendige Möglichkeiten und Anregungen insbesondere zur Aufarbeitung der Gewaltproblematik, kann sich aber vermutlich weniger auf der gesellschaftspolitischen Ebene auswirken. Insofern sind neben eher pädagogischen Veranstaltungen und der Schaffung von geschützten Räumen weitergehende Maßnahmen zur Sensibilisierung der Öffentlichkeit und einer verstärkten Gewaltprävention erforderlich. Ein Ansatz dazu liegt beispielsweise in der Einberufung offizieller Runder Tische, die es ermöglichen, auf längere Sicht in verschiedene Institutionen und in politische Strukturen hineinzuwirken. Ein weiterer Beitrag zur politischen Änderung von Verhältnissen, die Gewalt gegen Frauen begünstigen, besteht, wie etwa die Kampagne gegen Kinderprostitution im Sextourismus (s. Kapitel IV.3) gezeigt hat, in der Einbringung von konkreten rechtlichen Forderungen auf bundesweiter Ebene. Gerade hier kann sich auch eine Zusammenarbeit der Kirchen mit überregionalen nichtkirchlichen Organisationen als außerordentlich fruchtbar erweisen.

Problemanzeigen zur Kirche als Arbeitgeberin

Der Synodenauftrag für dieses Studienvorhaben wünschte eine »kirchenspezifische« Untersuchung. Das kann zweierlei bedeuten: Es soll untersucht werden, wie die Kirchen mit dem gesellschaftlichen Problem der Gewalt gegen Frauen umgehen, wie sie also durch Verkündigung, Seelsorge, Lehre und sozialdiakonisches Handeln dazu beitragen, Gewalt gegen Frauen zu verhindern, Gewaltopfern zu helfen, Täter zur Umkehr zu bewegen und eine theologisch begründete Praxis der Gewaltfreiheit zwischen den Geschlechtern zu befördern. Der Auftrag kann aber auch bedeuten, Gewalt gegen Frauen in der Kirche selbst, zwischen in der Kirche tätigen Frauen und Männern zu thematisieren. Zum ersten Aspekt gibt es, wie die Bestandsaufnahme zeigt, eine Fülle von Beispielen. Zum zweiten, innerkirchlichen Aspekt gibt es so gut wie kein Material. Es fehlt an empirischen Untersuchungen, ob und wenn ja in welchem Umfang Gewalt gegen Frauen auch in der »Gemeinschaft der Gläubigen« existiert. Das Problem läßt sich nicht wissenschaftlich objektivieren. Sich ihm zu nähern, bedeutet, auf subjektive Beobachtungen, Einzelfälle und eine allgemeine Lebenserfahrung zurückzugreifen. Diese besagt zunächst, daß sich die Kirche als Institution nicht von anderen Großorganisationen unterscheiden wird. Unter ihren ca. 600.000 Beschäftigten und den ca. 800.000 Ehrenamtlichen spielen sich die gleichen menschlichen Dramen ab, wie in jedem anderen Lebensbereich. Zwar ist zu hoffen, daß die religiöse Bindung von Christen ethische Standards gegen jede Form von Gewalt setzt. Mit Sicherheit erwarten können wir es nicht.

Den an diesem Bericht Beteiligten sind Einzelfälle von sexuellen Übergriffen in der Konfirmanden- und kirchlichen Jugendarbeit bekannt, von sexueller Belästigung am kirchlichen Arbeitsplatz, von Mißbrauch in Seelsorge-, Therapie- und Beratungssituationen, von familialer Gewalt im Pfarrhaus. Es wird kaum eine Personalreferentin bzw. einen Personalreferenten einer Landeskirche geben, die nicht auch von solchen Fällen wissen. Daten- bzw. Persönlichkeitsschutz der Betroffenen – Opfer wie Täter – verbieten es, solche Einzelfälle ans Licht der Öffentlichkeit zu ziehen. Die notwendige Diskretion hat aber zur Folge, daß die kirchenöffentliche Auseinandersetzung über das Problem an sich erschwert bis verhindert wird. Der häufig hohe moralische Anspruch, den kirchlich Beschäftigte an sich selbst stellen und der an sie gestellt wird, erhöht zudem die Hemmschwelle, in eine offene Kommunikation über menschliches Versagen in den eigenen Reihen einzutreten. Hinzu kommen Befürchtungen, daß das Bild der Kirche als ganzes Schaden nehmen könnte. Das Tabu, über sexistisch motivierte Gewalt zu sprechen, ist in der Kirche vermutlich höher als in anderen Arbeits- und Lebenszusammenhängen. Dieses erklärt teilweise das Fehlen jeglicher öffentlich zugänglichen und abgesicherten Fakten und Daten.

Solange Einzelfälle ausschließlich als solche betrachtet werden, wird es keinen Überblick über Art und Umfang von Gewalt gegen Frauen in der Kirche geben. Persönlichkeitsschutz und Diskretion dürfen nicht verletzt werden. Aber es darf und muß öffentlich gemacht werden, daß Gewalt gegen Frauen auch ein innerkirchliches Thema ist. Beispiele, wie dieses geschehen kann, gibt es in der außerdeutschen Ökumene. Das Projekt der Evangelical Lutheran Church in America (ELCA) »How to make Church a safe place«[105] stieß mit seiner offensiven Strategie auf äußerst positive Resonanz, wie die Frauenreferentin der ELCA, Joanne Chadwick, berichtete. Die Kirche von Schottland gab eine wissenschaftliche Untersuchung zur Gewaltproblematik in Pfarrhäusern in Auftrag, an der Dr. Lesly MacDonald vom »Center for Theology and Public Issues«, Edinborough, arbeitet. Solche Projekte fördern nicht nur die sachliche Auf-

105. S. Materialheft, S. 97ff.

arbeitung des Problems; sie helfen vor allem Opfern, ihre Gewalterfahrungen nicht verdrängen zu müssen, sondern Menschen zu finden, die darauf vorbereitet sind. Sie können ihnen die Hoffnung geben, daß auch die Kirche will, daß ihnen Gerechtigkeit widerfährt.

Das kirchliche Disziplinarrecht sieht selbstverständlich auch Mittel und Wege vor, Gewalt gegen Frauen zu ahnden. Daß es zu relativ wenigen förmlichen Verfahren wegen sexueller Belästigung, Mißbrauch oder sexueller Gewalt kommt, sagt noch wenig über deren Vorhandensein. Scham, Unwissenheit über rechtliche Sanktionsmöglichkeiten und mangelndes Vertrauen in das Verfahren selbst halten Opfer davon ab, disziplinarische Schritte einzuleiten. Allerdings haben die Erfahrungen (z.B. des Nordelbischen Frauenreferates) gezeigt, daß in dem Maße, wie vertrauenswürdige und kompetente Ansprechpartnerinnen oder Ansprechpartner bekannt sind und hinreichende Informationen über rechtliche Möglichkeiten und Verfahrenswege vorliegen, die Bereitschaft der Opfer wächst, sich zu offenbaren, Hilfe und Beistand in Anspruch zu nehmen und auf rechtliche Sanktionen hinzuwirken. Als Ansprechpartnerinnen kommen insbesondere Mitarbeitervertretungen, Frauenbeauftragte und natürlich die für Personalfragen Zuständigen in Frage. Letztere repräsentieren aus der Perspektive der Beschäftigten die Arbeitgeber-/Dienstgeberseite. Offenbar bestehen höhere Hemmschwellen, sich diesen Personen anzuvertrauen. Besser geeignet scheinen solche Personen und Stellen zu sein, die eher außerhalb der Amtshierarchien stehen. Sofern es diesen gelingt, als geeignete Adresse in das kirchenöffentliche Bewußtsein zu kommen und in Absprache mit Ratsuchenden Hilfen und Konfliktlösungsstrategien zu entwickeln, brauchen diese Vertrauenspersonen die vorbehaltlose Unterstützung durch alle in Frage kommenden kirchlichen Dienststellen.

So gibt die *Evangelische Kirche von Westfalen* zur Zeit eine »Handreichung zum Umgang mit sexueller Gewalt in der EKvW«[106] heraus. Nach einführenden Informationen zu Themen wie:

- »sexuelle Gewalt und Kirche«,
- »sexuelle Gewalt an Mädchen und Frauen mit Behinderungen«
- »berufsethische Grundlagen für Beziehungen in Seelsorge und Beratung«

106. Die Veröffentlichung soll noch 1997 erfolgen.

- »Verantwortung der Männer«
- »Perspektiven für die Opfer«

werden ausführlich die rechtlichen Grundlagen für den Umgang mit sexueller Gewalt in der Kirche dargestellt.

Wichtig ist den Autorinnen und Autoren, daß die vorhandenen Rechte gewußt und in Anspruch genommen werden – darüber hinaus aber die für Betroffene oft kaum zu überwindende Hürde für diese Inanspruchnahme verringert wird.

»Ziel dieses Vorgehens ist es, die Betroffenen so zu begleiten, daß nicht zusätzliche Verletzungen ausgelöst werden, sondern Klärung und schon dadurch eventuell Schritte zur Heilung möglich werden. Weiterhin geht es darum, die Bedeutung der Vorkommnisse zu klären und die Betroffenen zu informieren über Wege und Verfahren einer offiziellen Beschwerde« (aus der Handreichung).

So werden »Strukturen für die Begleitung von Betroffenen« entwickelt: Ansprechpartnerinnen und Ansprechpartner auf der Ebene der Kirchenkreise und der Landeskirche, die durch Fortbildung und kollegiale Beratung für die Begleitung Betroffener qualifiziert werden. Ihre Namen werden in Regionen und Kirchenkreisen veröffentlicht. Im Vorfeld straf- oder disziplinarrechtlicher Verfahren werden diese Strukturen entwickelt und erprobt.

»da es der Ev. Kirche von Westfalen darum geht, einerseits Menschen vor sexueller Belästigung zu schützen und andererseits Menschen, die von sexuellem Mißbrauch betroffen sind, zu stärken und zu begleiten« (aus der Handreichung).

Gelegentlich gab es die Erfahrung, daß der Bote oder die Botin für die schlechte Botschaft gescholten wurde, so als würde das Angebot zur Beratung die Beratungsfälle erst produzieren. Daß dem nicht so ist, ist aus anderen Zusammenhängen bekannt.

Für die Kirche als Arbeitgeberin lassen sich aufgrund vorliegender Erfahrungen und der Kenntnis von Einzelfällen eine Reihe von Handlungsansätzen und Empfehlungen formulieren, die in Kapitel VI aufgeführt sind.

IV Bestandsaufnahme in der Ökumene

1. Zu Beginn der Frauendekade der Vereinten Nationen im Jahre 1975 war das Problem der »Gewalt gegen Frauen« noch kein ausdrückliches Thema. Es ging um »Gleichheit, Entwicklung und Frieden«. Erst im Laufe der Jahre wurde bewußt, daß Gewalt in ihren verschiedenen Formen ein Grund ist, warum diese Ziele nicht erreicht werden.
Auch das Programm der *Ökumenischen Dekade »Solidarität der Kirchen mit den Frauen«*, die 1988 vom Ökumenischen Rat der Kirchen ausgerufen wurde, benennt das Problem der Gewalt nur indirekt in der Verpflichtung der Mitgliedskirchen, »sich selbst von Rassismus, Sexismus und Klassenstrukturen sowie von Lehren und Praktiken, die Frauen diskriminieren, zu befreien.«
Im Februar 1992, zur Halbzeit der Dekade, trafen sich auf Einladung von Aruna Gnanadason, Referentin des ÖRK für »Frauen in Kirche und Gesellschaft«, Vertreterinnen von regionalen Frauenreferaten und Frauenbüros der Kirchen in Genf zu einer Bestandsaufnahme. Die Konferenz machte deutlich, wie stark soziale und kulturelle Diskriminierung und der zunehmende wirtschaftliche Druck auf die Länder der Zweidrittelwelt wie innerhalb des Sozialgefälles der jeweiligen Länder sich auf das Ausmaß der indirekten und direkten Gewalt gegen Frauen auswirkt. Rassismus und Fremdenfeindlichkeit treffen Frauen als Frauen und als Fremde in doppelter Weise.[107]
Als Antwort auf diese Problematik lud der ÖRK zu einer Serie *regionaler Konsultationen zu »Gewalt gegen Frauen«* ein. Überall, wo die Frauen zusammenkamen, berichteten sie von der überwältigenden Last von Erfahrungen mit Gewalt. Ein Prozeß, der außerhalb der Kirche begonnen hatte und nun auch innerhalb der Kirchen weltweit um sich griff. Und immer ging es um beide Dimensionen: um die Verpflichtung der Kirchen, in Solidarität mit von Gewalt betroffenen Frauen zu reden und zu handeln – und darum, die Gewalt in der Kirche selber, in ihrer Struktur, ihrer Geschichte und ihren Traditionen offenzulegen, zu bekennen und umzukehren zu einer

107. WCC, WOMEN/ UNIT III, Report of Regional Women's Desk Meeting, Geneva 10-16, February 1992, S 2.

Gemeinschaft der gerechten Beziehungen von Frauen und Männern.

So kamen vom 29.11. – 04.12.1994 auch 24 Frauen aus Europa in der Corrymeela Community, Nordirland, zusammen. Sie haben einander ihre Erfahrungen als Frauen mit den Konflikten in Nordirland, dem ehemaligen Jugoslawien, mit den Folgen der wirtschaftlichen Abhängigkeit für Frauen in Osteuropa, mit dem Ausmaß von Menschenhandel, häuslicher Gewalt, Rassismus und sexueller Belästigung in der Kirche zugemutet. Sie haben nach den Quellen von Solidarität und Kraft gesucht, um die Gewalt zu überwinden.

Sie ermutigen die Kirche als Leib Christi in der Welt dazu, eine wahre Quelle der Befähigung für Frauen zu sein.[108]

Wenngleich auch die konkreten sozialen, kulturellen und wirtschaftlichen Situationen der Frauen jeweils unterschiedlich sind, so wird doch aus den Ergebnissen der regionalen Konferenzen zu »Gewalt gegen Frauen« deutlich, daß grundsätzlich die gleichen Strukturen verhindern, daß Mädchen und Frauen ohne Angst und unversehrt in einer gerechten Gemeinschaft mit Männern leben.[109]

Auch die *Weltfrauenkonferenz in Peking* vom 04. – 15.09.1995 macht deutlich: Frauen sind in keinem Land der Welt sicher vor Gewalt. Prävention von Gewalt wird zu einem zentralen Aspekt in der Aktionsplattform zur Umsetzung der Ergebnisse der Weltfrauenkonferenz.[110]

108. Hrsg. KEK / ÖRK, Befähigt zu Lieben. Die Erklärung von Ballycastle von einer europäischen Zusammenkunft zum Thema »Gewalt gegen Frauen«, 29.11. – 04.12.1994, s. Materialheft, S. 89ff.

109. Zu den regionalen Konferenzen siehe Hrsg. WCC-Women's Team, Decade Link Nr. 14, March 1994, Violence against Women, Asian regional consultation 01. – 06.08.1993, Bali/Indonesia und Latin American Consultation on Violence against Women, 10. – 14.09.1993, San Josè, Costa Rica.
Decade Link 15, July 1994, African Women speak out on violence against Women – Myeri Kenya 15. – 20.05.1994 und Decade Link 16, March 1995, Young Women Demand a Violence Free World-Message to the Churches 15. – 22.11.1994, Suva, Fiji.

110. Die Aktionsplattform bekräftigt die Deklaration der UN-Menschenrechtskonferenz 1993 in Wien, in der es heißt: »Die Menschenrechte der Frauen und der minderjährigen Mädchen sind ein unveräußerlicher, integraler und unabtrennbarer Bestandteil der allgemeinen Menschenrechte« und stellt fest: »Alle Menschenrechte von Frauen und Mädchen (sind) zu fördern und zu schützen«. »... jede Form von Gewalt gegen Frauen und Mädchen (ist) zu verhindern und zu beseitigen«; in: Ergebnisse der 4. Weltfrauenkonferenz, hrsg. vom Bundesminsterium für Familie, Senioren, Frauen und Jugend, Bonn, März 1996, S. 7 – 13.

In ihrem 1993 veröffentlichten Buch »Die Zeit des Schweigens ist vorbei – Kirchen und Gewalt gegen Frauen« beschreibt Aruna Gnanadason den *weltweiten Bewußtwerdungsprozeß* über das Ausmaß der Gewalt, den die Frauen in den Kirchen anstoßen. Sie analysiert die Wurzeln der Gewalt: »Das Patriarchat kann als ein System ›gestaffelter Unterwerfung‹ bezeichnet werden, wo einige die Macht über andere haben, und wo diese Macht auf der politischen, sozialen oder kulturellen Ebene ausgeübt werden kann ... In jeder Gesellschaft sind Frauen am verletzlichsten und tragen, zusammen mit den Kindern, die Hauptlast der Ungerechtigkeit auf der ganzen Welt. Ihre Sexualität wird ausgenützt, wie uns das Frauenbild der Medien immer wieder deutlich macht. Ihre Arbeitskraft wird ausgebeutet, und jede Krise des Wirtschaftssystems trifft die Frauen zuerst ...«.[111]
Beispielhaft sei hier benannt, wie im *afrikanischen Kontext* das Problem aufgegriffen wird. 1996 veröffentlichten Grace Wamue und Mary Getui ein Buch zum Thema: *Gewalt gegen Frauen – Überlegungen von kenianischen Theologinnen*.[112] Sie beschreiben die Facetten der Gewalt in ihrem gesellschaftlichen Umfeld wie in ihren Kirchen. Das Buch soll als Aufschrei wahrgenommen werden, der die Kirchen weckt. Bisher habe Angst, Tabus zu brechen, zum schweigenden Ertragen der kulturellen Unterdrückung geführt – von genitaler Verstümmelung mit all ihren Folgen über Zwangsverheiratung von Mädchen, Stigmatisierung alleinlebender, im Stich gelassener, kinderloser Frauen und Witwen bis hin zu ökonomischer Ausbeutung und Vergewaltigung schon kleiner Mädchen und Frauen.
Deutlich wird die Rolle westlicher Missionskirchen im Prozeß kultureller Unterdrückung von Frauen angesprochen, die Frauen aus allen religiösen Leitungsfunktionen ausschlossen, oft Sozialstrukturen zerstörten und stattdessen Gewalt gegen Frauen immer wieder theologisch legitimierten. Nun gehe es für afrikanische Frauen darum, die befreiende Liebe Gottes neu zu entdecken, ganzheitliche, stärkende Aspekte ihrer Tradition wieder auszugraben und unmenschliche Aspekte zu entlarven und als Sünde zu benennen – mit all den konkreten Folgen, die dieser Prozeß für die Kirchen in Kenia, die Männer in den Kirchen und die kenianische Gesellschaft habe.

111. *Aruna Gnanadason:* Die Zeit des Schweigens ist vorbei, Luzern 1993, S. 23 ff.
112. *Grace Amue, Mary Getui:* Violence against Women – Reflections by Kenian Women Theologians, Acton Publishers, Nairobi, Kenya 1996.

Das Schweigen wurde gebrochen – nicht zuletzt durch die Teamvisits, mit denen der Ökumenische Rat der Kirchen seit 1994 die Mitgliedskirchen zur Mitte der Dekade besuchte.
Die Ergebnisse sind eindeutig und differenziert zugleich und ergeben ein breites Spektrum struktureller und konkreter Gewalt gegen Frauen bis hin zu Äußerungen von Kirchenführern, die Gewalt unter bestimmten Umständen für angemessen halten oder gar für einen Weg, zum »Heil« zu gelangen. Aber auch Schritte zur Überwindung dieser massiven Verletzung der Einheit der Kirche wurden benannt. Etwa die Gruppe der Männer einer presbyterianischen Kirche, die ein Haus für geschlagene Frauen aufbauen.[113]

2. Frauen haben das Schweigen gebrochen, einander ermutigt, das Thema *Gewalt gegen Frauen auf die Tagesordnung der Kirchen* gesetzt. Und eine wachsende Zahl von Kirchen gab Raum für Initiativen, verpflichtete Leitungsgremien, sich mit dem Problem auseinanderzusetzen, formulierte Selbstverpflichtungen, handelte. Insbesondere Kirchen in Nordamerika, Australien und den Niederlanden stellten sich dem Problem der Gewalt und sexuellen Belästigung in der Kirche und verabschiedeten Leitlinien zum Umgang mit Tätern und zur Begleitung Betroffener.[114]
Die *United Church of Australia* hat Empfehlungen beschlossen, die die Kirche auf allen Ebenen verpflichtet, sexuelle Gewalt in ihren Ursachen und Ausdrucksformen zu erkennen und zu bekämpfen – einschließlich des sexuellen Mißbrauchs durch Pastoren und andere kirchliche Mitarbeiter.
Ein »Pastoralbericht an die Kirchen über sexuelle Gewalt gegen Frauen und Kinder in der kirchlichen Gemeinschaft« wurde allen in der Kirche arbeitenden Gremien zugeleitet – und enthält einen eindrucksvollen Bericht, der die Verknüpfung von theologischer Vater-Ideologie und kaum zu bearbeitenden Inzestfolgen erschütternd deutlich macht.
Nennenswert ist, daß alle Initiativen der United Church of Australia in erster Linie *an Männer* gerichtet sind. Durch Informations-

113. S. dazu, hrsg. WCC, Programme Unit III, Together with energy toward the end of the Ecumenical Decade and beyond, S. 18 f.
114. Diese und weitere Handlungsschritte von Kirchen siehe in: Westf. AST Ökumenische Dekade (Hrsg.). Dekadematerialien 4, Thema »Gewalt«, Soest 1992 und Aruna Gnanadason, Die Zeit des Schweigens ist vorbei, S. 53 ff.

blätter und Fortbildungsangebote soll ihnen ihre Verantwortung deutlich gemacht werden.

In einer *Arbeitsgruppe des ÖRK zu Gewalt gegen Frauen* wurde 1992 als Reaktion auf entsprechende Erfahrungen von Frauen ein Faltblatt erstellt, das bei allen ökumenischen Konferenzen verteilt werden soll: »Wenn christliche Solidarität Schaden nimmt – eine seelsorgerliche und informative Broschüre zum Thema sexuelle Belästigung.«[115]

Außerdem wurde eine Übersicht erstellt über Untersuchungen, Empfehlungen und Beschlüsse, mit denen Kirchen zunächst Gewalt gegen Frauen als Herausforderung annehmen und sich dann auf Konsequenzen für ihr eigenes Handeln einlassen.

So hat die *norwegische Bischofskonferenz* mehrere Jahre an dem Zusammenhang zwischen Gewalt in der Ehe und einer christlichen Unterordnungstheologie gearbeitet, sowie notwendige Veränderungen in theologischer Rede und seelsorgerlichem Handeln beschlossen.

Die *Presbyterianische Kirche der USA* hat Empfehlungen bezüglich sexueller Ausbeutung von Frauen verabschiedet, in denen die Ausbeutung sowohl in den USA, in den eigenen Gemeinden, als auch im Ausland etwa durch den Sextourismus benannt wird.

Bereits 1989 hat die *Evangelical Lutheran Church in America* (ELCA) das Problem der sexuellen Gewalt mit dem Projekt »How to make Church a safe place« aufgegriffen.[116]

Der Lutherische Weltbund hat 1993 das von dem Referat »Frauen in Kirche und Gesellschaft« erarbeitete Konzept *»Ein klarer Aktionsplan«* verabschiedet. Darin werden Problembereiche und Handlungsvorschläge auf dem Weg zu einer inklusiven Gemeinschaft von Frauen und Männern für die Mitgliedskirchen benannt. Sie beginnen mit der Ausbildung von Frauen als Führungskräfte, um strukturelle Gewalt gegen Frauen auch auf der Ebene der Nichtbeteiligung an Macht und Verantwortung abzubauen. Unter dem Stichwort »Verstöße gegen Frauenrechte innerhalb der gesellschaftlichen, politischen, wirtschaftlichen und kirchlichen Strukturen« werden insbesondere die Zusammenhänge von Gewalt und Rassismus benannt sowie sexuelle Gewalt gegen Frauen und Mädchen.

115. S. Materialheft, S. 95f.
116. S. Materialheft, S. 97ff.

Der *25. November, der Internationale Tag gegen Gewalt*, wurde zu einem Tag des Gebetes und des Handelns erklärt.
Nach einem Besuch bei Frauengruppen im ehemaligen Jugoslawien rief der ÖRK auf zu einer Aktion *»Donnerstags in Schwarz – gegen Gewalt und Vergewaltigung«*. In der sich vereinigenden Kirche von Australien stieß diese Aktion auf so breites Interesse, daß mehr als 20.000 Buttons mit der Aufschrift verkauft wurden.
Außerdem wurde ein *Fonds für von Gewalt betroffene Frauen* eingerichtet, um Initiativen zur Stärkung und Begleitung bei dem Aufbau neuer Lebensmöglichkeiten zu unterstützen.
In den verschiedenen Programmen des ÖRK wurde der Aspekt der Gewalt gegen Frauen ausdrücklich zum Thema:

- Im *»Programm zur Bekämpfung des Rassismus«* gibt es das Projekt »Frauen unter Rassismus« (Women under Racism WUR), in dessen Rahmen das Sister's Network Project entwickelt wurde. (Sisters in Struggle to Eliminate Racism).
- Im Rahmen des *»Programm zur Überwindung der Gewalt«* fand im November 1993 eine Konferenz in Manila statt. Gastgeberin war GABRIELA, die große Vereinigung philippinischer Frauenorganisationen, die insbesondere gegen Zwangsprostitution, Frauenhandel und ökonomische Ausbeutung von Frauen kämpfen.[117]
- Im *»Programm zu einer Theologie des Lebens«* gab es eine Konsultation in Costa Rica im Dezember 1994 zum Thema »Frauen widerstehen der Gewalt«. Veranstaltet wurde sie von der »Ökumenischen Vereinigung der Dritte Welt Theologinnen« (EATWOT) im Dialog mit Frauen anderer Weltregionen.[118]

Ziel der letztgenannten Konferenz war einerseits, *Erfahrungen von Frauen* als Opfer von Gewalt – aber auch als kreativ und gewaltfrei Handelnde zu Gehör zu bringen. Nordirland, Indien, Kenia, Somalia – Kriege, ökologische Zerstörungen, sexuelle Gewalt, ethnische Auseinandersetzungen und vieles mehr sind Situationen, in denen Frauen erfolgreich gewaltfreie Strategien praktiziert haben oder weiter entwickeln, als Beitrag zu einer sicheren, gerechten und friedlichen Welt. Ein Aspekt, der bei vielen Verantwortlichen im Konziliaren

117. Die Ergebnisse sind zusammengefaßt in: *Mary John Mananzan u.a.(Hrsg.):* Women Resisting Violence – Spirituality for Life, New York 1996.
118. *Aruna Gnanadason / Musimbi Kanyoro / Lucia Ann Mc Spadden (Hrsg.):* Women, Violence and Nonviolent Change, WCC Publications, Geneva 1996.

Prozeß wie in der wissenschaftlichen Friedensforschung immer noch unangemessen vernachlässigt wird!
Umgekehrt wurde der Aspekt der *Gewalt gegen Frauen* bisher in der friedensethischen Diskussion – gemessen an seinem Ausmaß als auch der besonderen Bedeutung in militärischen Konflikten – kaum angemessen wahrgenommen. Erst der Krieg im ehemaligen Jugoslawien und die u.a. über das Netz der »Frauen in Schwarz« hinaus öffentlich gewordenen Zeugnisse und Proteste der »Frauen in Schwarz« im ehemaligen Jugoslawien haben mit den Informationen über die »Vergewaltigung tausender Frauen als Kriegswaffe« Betroffenheit und öffentliche Diskussionen ausgelöst.
Und ein dritter Aspekt: Eine theologische Debatte hat sich in den letzten Jahren zum Thema *»Friedenstheologie und Gewalt gegen Frauen«* entwickelt. So haben sich etwa mennonitische Theologinnen und Theologen, Therapeutinnen und Therapeuten, Frauen und Männer bei einer Konferenz im Oktober 1991 in den USA damit auseinandergesetzt, inwieweit Gewalt gegen Frauen auch durch die eigene friedenskirchliche Theologie und Tradition begründet bzw. nicht verhindert wird – und welche theologischen und praktischen Konsequenzen daraus erwachsen, sich dieser Wirklichkeit zu stellen.[119]
Ein wichtiger Bereich des Wahrnehmens und Handelns ist das breite Aktionsbündnis in der *Ökumenischen Koalition gegen Kinderprostitution, Kinderpornographie und Kinderhandel* (ECPAT), aus dem seit seiner Gründung im Jahre 1991 eine Fülle von Aktivitäten entstand: Bewußtseinsarbeit innerhalb von Kirchen in den Ländern der Täter, Lobbyarbeit bei Regierungen zur Strafverfolgung, Unterstützungsprojekte für die Opfer, vorbeugende Initiativen in Regionen, in denen Kinder besonders gefährdet sind – bis hin zu der 1. Internationalen Konferenz in Stockholm im August 1996, bei der eine Aktionsplattform der Regierungen und Nichtregierungsorganisationen für weitere Schritte beschlossen wurde.
Ein weiterer Bereich ist die Zwangsprostitution und der wuchernde Menschenhandel, zunächst mit Frauen aus Südostasien und Lateinamerika, nun auch aus Mittel- und Osteuropa.
Frauen in den Kirchen, so auch das »Ökumenische Forum Christlicher Frauen in Europa« benennen diese Themen immer wieder und

119. *Elisabeth G. Yoder:* Theology and Violence against Women, Institute of Mennonite Studies, Elkhart, Indiana, 1992.

fordern von den Kirchen, ihre Verantwortung wahrzunehmen – als Kirchen, zu denen immer wieder auch beide, die Täter und die Opfer gehören.
Auch die *Missionsgesellschaften* stellen sich zunehmend dem Problem der »Gewalt gegen Frauen« – sei es die Basler Mission in ihren Regionalkonferenzen, das Berliner Missionswerk oder die Vereinte Evangelische Mission. Letztere hat auf ihrer ersten Versammlung zu Frauenfragen in Ramatea, Botswana, im Oktober 1993 wegweisende Forderungen und Beschlüsse gefaßt. Zentrales Problem war bei der anschließenden Vollversammlung in Ramatea, daß die kirchenleitenden Männer nicht akzeptieren wollten, daß Frauen ihrer Kirchen aus Asien und Afrika forderten,

- die Trauagenden auf gewaltstützende Ideologien hin zu analysieren,
- Frauen zu schützen und juristisch zu begleiten, die sich von gewalttätigen Ehemännern trennen wollen,
- über Gefahren von genitaler Verstümmelung aufzuklären und sie zu verhindern,
- gegen Frauenhandel und Zwangsprostitution zu kämpfen, indem Frauen eine wirtschaftliche Lebensgrundlage ermöglicht wird – durch Ausbildungsquoten, Projektförderung etc.

Die bei dem zweiten Workshop zu Frauenfragen 1996 in Bad Godesberg erarbeiteten, weiterführenden Forderungen wurden bei der darauffolgenden Vollversammlung jedoch angenommen.

3. In Deutschland hat die *Ökumenische Projektgruppe zur Dekade* – seit 1994 als Zusammenschluß der Ökumenischen Projektgruppe (West) und der Koordinierungsgruppe des Kirchenbundes (Ost) – in interkonfessioneller Zusammenarbeit das Thema »Gewalt gegen Frauen« aufgegriffen und in den Vordergrund gerückt. 1993 wurde es zum Schwerpunkt der 3. bundesweiten Ökumenischen Dekade-Konferenz. Die Teilnahme von Aruna Gnanadason und das Gespräch mit Vertretern verschiedener Kirchenleitungen machten diese Tagung zu einer wichtigen Station im Prozeß der Auseinandersetzung.[120] Besonderes Gewicht bekam die Thematik beim Ökumenischen Gruppenbesuch des ÖRK 1995. Die Empfehlungen der auswerten-

120. Dokumentation: 7. Rundbrief der Ökumenischen Dekadekonferenz 1994. Hrsg. von der Ökumenischen Projektgruppe, Düsseldorf.

den Konsultation der Arbeitsgemeinschaft Christlicher Kirchen fordern die Kirchen zur vertieften Auseinandersetzung auf und regen u. a. Forschungsprojekte in ökumenischer Kooperation an.[121]
Ebenfalls im Kontext der Ökumenischen Dekade »Solidarität der Kirchen mit den Frauen« entstand die *katholische Aktion »Frauen und Mädchen – Gewalt – Kirche«*. Im Dezember 1996 wurde »Ein Brief katholischer Frauen zum Thema ›Gewalt gegen Frauen und Mädchen‹ an katholische Amtsträger, Verantwortliche in der katholischen Kirche und die kirchliche und gesellschaftliche Öffentlichkeit« vorgelegt.[122]
Bei der *Deutschen Ökumenischen Versammlung in Erfurt 1996* »Versöhnung suchen – Leben gewinnen« wurde das Problem der Gewalt gegen Frauen als ekklesiologische Frage thematisiert und u.a. festgestellt »Ohne konkrete Benennung von Gewalt kann es keinen Prozeß der Versöhnung zwischen Frauen und Männern geben«.[123]
Als Konsequenz der sich zuspitzenden theologischen und gesellschaftlichen Relevanz des Themas wird bei der *Vollversammlung des ÖRK 1998 in Harare* eines der drei zentralen Hearings zur Ökumenischen Dekade – und damit auch zum Problembereich »Gewalt gegen Frauen« – stattfinden, um weitere Handlungsschritte über die Dekade hinaus in den Mitgliedskirchen zu verankern.

121. Vgl. dazu die Dokumentation: Ökumenischer Gruppenbesuch in Deutschland, Hannover 1995.
122. Hrsg. von der katholischen Arbeitsgruppe in der Ökumenischen Projektgruppe, Düsseldorf, 1996.
123. Vgl. dazu: Ökumenische Versammlung in Erfurt »Versöhnung suchen – Leben gewinnen« im Auftrag der ACK hrsg. von Klaus Lefringhausen, Frankfurt, 1997. S. Materialheft, S. 101f.

V Exkurs: Diskussion des Themas in der Frauenarbeit und der Männerarbeit

1. Die Mitgliederversammlung der Evangelischen Frauenarbeit in Deutschland (EFD) hatte im Oktober 1995 beschlossen, daß die EFD ein Papier zu den theologischen Aspekten der Gewalt gegen Frauen und Mädchen erarbeiten solle. Das Papier wurde für die Diskussion in Frauen- und Gemeindegruppen erstellt und im September 1996 von der Mitgliederversammlung der EFD verabschiedet;[124] zugleich wurde es als Beitrag der Frauenarbeit in das Studienvorhaben »Gewalt gegen Frauen« eingebracht.
Aus der in dem Beschluß der EKD-Synode ebenfalls angesprochenen Männerarbeit der Evangelischen Kirche in Deutschland (im folgenden Männerarbeit) wurden zwei Papiere eingebracht: Der Theologische Vorsitzende legte im Dezember 1996 »Einige theologische Überlegungen aus der Sicht eines Mannes« vor,[125] der Geschäftsführer faßte im November 1996 die Rezeption des Themas in der Männerarbeit der EKD zusammen. Beide Texte sind in Kenntnis des EFD-Papiers entstanden.
1.1 Hinter dem Beschluß der EFD, sich mit dem Thema gezielt unter theologischem Aspekt auseinanderzusetzen, steht die Beobachtung in Beratung und Seelsorge, daß Frauen und Mädchen, die Opfer von Gewalt werden, sich als Schuldige fühlen. Das führt zu der Frage nach der Mitschuld von Kirche und Theologie an der Leidensbereitschaft von Frauen und der Gewaltbereitschaft von Männern.
Der Erarbeitung des Papiers liegen eine Reihe von Vorentscheidungen zugrunde, die dem allgemeinen Diskussionsstand in der Frauenbewegung entsprechen: Gegenstand ist die Gewalt von Männern gegen Frauen und Mädchen, ohne zu leugnen, daß auch Jungen Opfer von Gewalt sind und auch Frauen Gewalt ausüben. Die Thematik wird auf sexuelle Gewalt zugespitzt, da Gewalt zwischen Männern und Frauen immer sexuelle Elemente enthält bzw. in sexuelle Gewalt umschlägt. Es wird einseitig Partei für Frauen und Mäd-

124. *EFD (Hrsg.):* Theologische Aspekte der Gewalt gegen Frauen und Mädchen, Frankfurt/M., September 1996; s. epd-Dokumentation 17a/97, a.a.O.
125. Vgl. epd-Dokumentation 17/97, S. 70ff.

chen genommen, wie es der Bildungs-, Präventions- und Beratungsarbeit mit Frauen als den tatsächlich oder potentiell von Gewalt Betroffenen angemessen ist. Gewalt wird als personales Handeln definiert, für das Täter verantwortlich gemacht werden können, wobei sich gewaltsames Handeln und gewaltfördernde gesellschaftliche Strukturen gegenseitig bedingen und legitimieren. Der Begriff »Opfer« wird nur als Gegenbegriff zu »Täter« verwendet, er sollte nicht dazu benutzt werden, mißhandelte und mißbrauchte Frauen auf ihren Opferstatus festzulegen. Sie sind als um Überleben ringende Handlungssubjekte anzusprechen.

1.2 Die theologischen Ausführungen werden in den Rahmen einer feministischen Patriarchatskritik gestellt, die Gewalt gegen Frauen als Ausdruck eines in die gesellschaftlichen Strukturen eingeschriebenen Macht- und Wertgefälles zwischen Männern und Frauen sieht. Diese Struktur schlägt sich im christlichen Gottesbild, in der Christologie und in der christlichen Anthropologie und Ethik (dem Verständnis von weiblicher Schuld und Sünde, der Idealisierung von Ehe und Familie und der Forderung nach Vergebung seitens der Opfer) nieder und wird durch Predigt und Lehre der Kirche immer wieder abgestützt. Sie führt u.a. dazu, daß sich die Opfer schuldig, also als Täterinnen fühlen, und die Täter zu Opfern erklärt und entschuldigt werden.

Dabei geht es zum Teil darum, die biblische Tradition gegen ihre patriarchale Auslegungsgeschichte in Schutz zu nehmen, zum Teil darum, theologische Traditionen, die durch eine zweitausendjährige Schuldgeschichte diskreditiert sind, zugunsten anderer theologischer Traditionen zu relativieren. Das Papier schließt mit Hinweisen, wie Frauen die christliche Tradition für Befreiung und für die konkrete Praxis des Widerstehens gegen Gewalt in Anspruch nehmen können.

Bei den theologischen Ausführungen kann das Papier an eine breite emanzipatorische Frauenbildungsarbeit auf feministisch-theologischer Basis anknüpfen, die sich in Bibelarbeiten zu Texten über Gewalt gegen Frauen, theologischen Studientagen und selbstgestalteten (Klage-) Gottesdiensten vollzieht. Dabei stößt vor allem die Kritik an einem einseitig männlichen, autoritären Gottesbild auf weitgehenden Konsens in der Frauenarbeit. Weniger akzeptiert bzw. zur Kenntnis genommen ist die feministische Infragestellung einer einseitigen Betonung der Sühneopfertheologie.

1.3 Das Papier wurde auf der Mitgliederversammlung der EFD 1996 zunächst sehr kontrovers diskutiert. Angefragt wurden vor allem die kritischen Aussagen zur Bedeutung des Leidens und des Todes Jesu. Zum anderen wollten viele Delegierte nicht durch öffentliche Kritik an Kirche und Theologie Beifall von der falschen Seite bekommen. Diese Anfragen wurden als ein Bestandteil des Papiers in einem Anschreiben ausdrücklich benannt. Daraufhin konnte das Papier fast einstimmig verabschiedet und haupt- und ehrenamtlichen Mitarbeiterinnen in der Evangelischen Frauenarbeit und Frauen und Männern in anderen kirchlichen Handlungsfeldern als Diskussionsgrundlage empfohlen werden.
Obwohl die EFD aufgrund dieser Diskussionslage bewußt keinerlei Öffentlichkeitsarbeit für das Papier gemacht hat, war die ursprüngliche Auflage von 3 000 Exemplaren bereits im Dezember 1996 vergriffen. Es mußten zweimal 5 000 Exemplare nachgedruckt werden. Insgesamt sind bis Sommer 1997 11.000 Exemplare bei der EFD angefordert worden.

2. Anders als das Papier aus der Frauenarbeit sind die beiden Papiere aus der Männerarbeit der EKD persönlich verantwortete Ausführungen, die die Diskussion, wie sie in Schwerpunktheften des »Männerforums« und in der Männerarbeit insgesamt geführt wird, aufgreifen.
2.1 Bei der Auseinandersetzung mit dem Thema Gewalt gegen Frauen nimmt die Männerarbeit ebenso wie die Frauenarbeit einen bewußt geschlechtsspezifischen Standpunkt ein. Das ist ein wichtiges Ergebnis der Frauenbewegung, das nun auch in der Männerarbeit zu fruchtbaren neuen Ansätzen und Aktivitäten führt. Eingeräumt wird, daß diese bei den Männern in der Kirche noch in den Anfängen sind und auch auf nur geringes Interesse in der allgemeinen Öffentlichkeit stoßen. Als notwendig angesehen wird eine geschlechtsspezifische Bildungs- und Beratungsarbeit mit Männern und eine emanzipatorische Jungenarbeit.
Ebenso wie in der Frauenarbeit werden die strukturellen Ursachen der Gewalt, die männlichen Dominanzstrukturen und die strukturelle Benachteiligung und Minderbewertung von Frauen benannt. Auch wird der Gewaltbegriff nicht so weit gefaßt, daß personale Verantwortung verloren ginge und Unrecht nicht mehr zugerechnet werden könnte. Gesellschaftliche Strukturen fördern zwar Män-

nergewalt, aber Männer sind ihnen nicht ausgeliefert, sondern tragen Verantwortung. Mit der Frauenarbeit wird eingeräumt, daß Vergebung nur erbeten, nicht eingefordert werden kann.

2.2 Frauenarbeit und Männerarbeit haben bei der Thematik Gewalt gegen Frauen asymmetrische Ausgangsbedingungen. Frauen sind in jedem Fall tatsächliche oder potentielle Opfer von Männergewalt, und sie erfahren in ihrem Alltag alle Männer als potentielle Täter. Sie können durch eine öffentliche Diskussion des Themas und daraus erfolgende gesellschaftliche Veränderungen nur gewinnen. Die Männerarbeit muß berücksichtigen, daß die geforderte Solidarität und der erforderliche Bewußtseinswandel für Männer komplexer ist als für Frauen. Sie hat Gründe, die These, daß alle Männer potentielle Täter sind, zu differenzieren. Sie muß deutlich machen, daß die Infragestellung gewaltfördernder gesellschaftlicher Strukturen zu Machtverlust von Männern führt, ja bewußten Machtverzicht erfordert.

Die Männerarbeit sieht, daß Männer eine doppelte Solidarität aufbringen müssen: Sie müssen in »Solidarität mit den Frauen« für die Opfer von Männergewalt eintreten und stehen doch zugleich auf der Seite von Männern: auf der Seite der gewaltfreien Männer, um diese darin zu bestärken, und an der Seite der Täter, um diese – auch um der Opfer willen – zur Einsicht ihrer Schuld und – auch um der Gemeinschaft von Frauen und Männern willen – zur Therapie zu führen. Der theologischen Unterscheidung zwischen Sünde und Sünder entspricht für sie der Satz »Nein zur Tat, aber Ja zur Täterarbeit«.

Die als kollektive Schuldzuweisung erlebte These, daß alle Männer potentielle Gewalttäter sind, wird aus der Sicht der Männerarbeit aus folgenden Gründen zurückgewiesen: Sie ist ungerecht und ungerechtfertigt; dadurch werden Männer, die sich um gewaltfreies Handeln bemühen, verbittert; sie könnte zu einer falschen Solidarisierung von Männern mit Gewalttätern führen: gewalttätige Männer könnten sie als Entschuldigung für ihr Tun mißverstehen. Nachdem das gesagt ist, können alle Männer, auch solche, die Gewalt verurteilen, zu einem differenzierten Schuldbekenntnis dafür aufgefordert werden, daß sie Gewalt und Gewaltstrukturen zulassen, billigend in Kauf nehmen oder davon profitieren und sich des Unterlassens aktiven Eintretens gegen Männergewalt und Gewaltstrukturen schuldig machen. (Dieser Gedanke ist ein Pendant zu der feministischen These von der Mittäterschaft von Frauen.) Von besonderem Interesse ist der Gedanke, daß letztlich auch Männer durch die Dominanzstrukturen von Macht und Gewalt geschädigt werden und an Rollenzwängen und Überforderung leiden. Nur wenn sie sich selbst als Opfer des Systems begreifen lernen, kann der Wille zu Veränderung in ihnen erstarken und der erforderliche Machtverzicht als Gewinn entdeckt werden.

2.3 Anders als das Papier der Frauenarbeit enthalten die Ausführungen der Männerarbeit keine kirchen- und theologiekritischen Ansätze. Theologische und Glaubensaussagen – Buße, Schuldbekenntnis, Umkehr, befreiendes Evangelium – werden in einem traditionellen Sinne herangezogen. Das ist für Männer insofern möglich, als die biblische und theologische Tradition überwiegend aus der Sicht von Handlungssubjekten formuliert ist, die, indem sie handeln, schuldig werden und der Vergebung bedürfen.

Frauen (und andere gesellschaftlich weniger privilegierte Menschen), haben gelernt, aus der christlichen Überlieferung vor allem die Aussagen auf sich zu beziehen, die zu Geduld um Christi willen und zum Erleiden von Unrecht und Gewalt auffordern, und sie werden darin durch Theologie und Predigt bis heute bestätigt. Seit Frauen diese Rollenzuweisung um ihrer selbst und um der Gemeinschaft von Frauen und Männern willen in Frage stellen, fangen sie an, die Bibel mit anderen Augen zu lesen und nach Elementen der Tradition zu suchen, die sie als Frauen zu aktivem Handeln ermächtigt.

Eine eigenständige theologische Perspektive könnte die Männerarbeit erarbeiten, wenn sie die Einsicht, daß auch Männer durch das System versehrt werden, als theologischen Fragehorizont aufnimmt und aus der Sicht von Männern die biblischen Gottesbilder und die Rollenmodelle in der biblischen Tradition kritisch sichtet und neu entwirft.

3. Die Papiere von Frauenarbeit und Männerarbeit befragen auf dem Hintergrund eigener Bildungs-, Beratungs- und Präventionsarbeit die akademische Theologie und von dieser Position aus die Tradition. So werden Solidaritäten geklärt, Differenzierungen angebracht und Aufgaben für die Theologie formuliert.

VI Handlungsansätze und Empfehlungen

Eine offene Kommunikation über das Problem und offensive Strategien zu seiner Bearbeitung können dem Bild der Kirche nicht schaden, sondern werden ihm nützen. In dieser Überzeugung wurden die folgenden Empfehlungen für drei kirchliche Handlungsfelder sowie für die außerkirchliche Öffentlichkeit von der Koordinierungsgruppe formuliert:

VI.1 Wissenschaftliche Theologie

Wie in der Einführung aufgezeigt wurde, hat die Konsultation in Gelnhausen den großen Bedarf an wissenschaftlicher Grundlagenarbeit sowohl innerhalb der Theologie als auch im Gespräch mit den Sozialwissenschaften offensichtlich gemacht.
Die dort und in den Diskussionspapieren von EFD und Männerarbeit beispielhaft benannten zentralen Fragen müssen von der Theologie als Herausforderung zu kritischer Reflexion der eigenen Traditionen, Denkvoraussetzungen und -kategorien ernstgenommen werden – wie Herausforderungen durch neu aufbrechende existentielle Lebenserfahrungen und Glaubensfragen immer zum Impuls für vertieftes theologisches Nachdenken und kirchliches Handeln werden konnten, wenn sie nicht nur als Gefährdung des Bestehenden abgedrängt wurden.
Hierzu gehört ein offener Gesprächsprozeß über die historisch, kontextuell wie geschlechtsspezifisch begründeten Grenzen mancher Bereiche bisheriger theologischer Forschung. Dazu gehört der Aspekt, daß Frauen mit ihren Erfahrungen und ihrer wissenschaftlichen Reflexion bisher kaum Zugang zum offiziellen theologischen Diskurs hatten.
In den letzten Jahrzehnten wurde eine Fülle von theologischen Arbeiten zu Aspekten, die für den Problembereich »Gewalt gegen Frauen« relevant sind, veröffentlicht. Dennoch haben die wenigsten Vertreter der verschiedenen theologischen Disziplinen – Frauen sind nur marginal im Hochschulbereich als Lehrende vertreten – bisher ernsthaft das Gespräch mit den zu diesem Themen Arbeitenden aufgenommen.

Die Förderung theologischer Frauenforschung kann dazu einer der notwendigen Schritte sein, wenn denn die Integration in die wissenschaftliche Diskussion auf breiter Ebene gelingt.
Weiterhin ist das interdisziplinäre Gespräch zwischen den Vertreterinnen und Vertretern der Sozial- und Humanwissenschaften und den theologischen Disziplinen unabdingbar.
Und nicht zuletzt muß zu den Aufgaben theologischer Fakultäten der regelmäßige Dialog – etwa in Form »Runder Tische« – mit Frauen und Männern aus kirchlichen Handlungsfeldern zu den dort drängenden theologischen und sozialdiakonischen Entwicklungen gehören, da beide einander in ihrer je eigenen Kompetenz dringend brauchen.
Der Beschluß der 8. Synode der EKD, einen Prozeß zu initiieren, damit »in den theologischen Traditionen sowohl nach Wurzeln der Gewaltüberwindung gesucht (wird) wie nach jenen, die Gewalt begünstigen oder legitimieren«, eröffnet also ein weites Spektrum intensiver Arbeit in theologischer Forschung und Lehre, wie in Bezug auf Ausbildungs- und Kommunikationsstrukturen.

VI.2 Verfaßte Kirche

Kirchliche Ausbildung
Wo Kirchen selbst ausbilden (für die kirchliche Verwaltung, den Gemeindedienst, das Pfarramt, die Sozialdiakonie) ist das Problem der Gewalt gegen Frauen in seinen unterschiedlichen Facetten

- Ursachen
- Prävention
- Erscheinungsformen
- Symptomerkennung
- persönliche Folgen
- rechtlich-institutionelle Maßnahmen
- Hilfen für Opfer
- Umgang mit den Tätern
- theologisch-ethische Grundlagen

zum Gegenstand der Ausbildung zu machen. Unterrichtseinheiten und Unterrichtshilfen sind zu entwickeln.

Fortbildung
Die Ausbilderinnen und Ausbilder sind durch Fortbildung für die Behandlung des Themas zu qualifizieren. Es sind Fortbildungskonzepte für kirchliche Beschäftigte im seelsorgerlichen, therapeutischen, sozialdiakonischen und sozialpädagogischen, erzieherischen und jugendpädagogischen Bereich, im Konfirmanden- und Religionsunterricht sowie in Supervision und Gemeindeberatung zu entwickeln.

Gemeindliche Praxis
Seelsorge, Predigt und liturgisches Handeln sollten auf das Vorhandensein von Gewalt im Geschlechterverhältnis vorbereitet sein und angemessen darauf reagieren können. Vorhandene Gottesdienstentwürfe und Liturgien sind bekanntzumachen und neue zu entwickeln. Modellkonzepte und -projekte für (angeleitete) Selbsthilfegruppen in den Gemeinden sind zu fördern. Bildungsarbeit zur Bewußtseinsänderung ist in Zusammenarbeit mit Trägern evangelischer Erwachsenenbildung (EEB, Familienbildungsstätten, evangelische Akademien, Frauenarbeit, Frauenhilfe, Männerarbeit) zu initiieren und durchzuführen.

Dienstlicher sowie dienst- und arbeitsrechtlicher Umgang
Die Kirchen als Arbeitgeberinnen sollten mit dem Thema Gewalt gegen Frauen offen und offensiv umgehen. Sie sollten seine Bedeutung in den eigenen Reihen weder leugnen noch zu vertuschen suchen. Die leitenden Gremien der Kirchen sollten – wie es mit dem Auftrag zu diesem Studienvorhaben für die EKD geschehen ist – durch eigene Initiative dazu beitragen, die Mauern des Schweigens und Tabuisierens zu überwinden und Sprach- und Gesprächsfähigkeit beweisen, wo häufig Sprachlosigkeit herrscht.
Die Kirchen sollten dafür sorgen, daß in allen ihren Arbeitsbereichen vertrauenswürdige und kompetente Ansprechpartnerinnen und Ansprechpartner zur Verfügung stehen und hinreichende Informationen über Wege und Mittel bekannt sind, um Fälle sexueller Übergriffe und Gewalt aufzuklären, zu ahnden und den Opfern Hilfe, Beistand und rechtliche Genugtuung zu verschaffen.
Sofern Fälle sexuellen Mißbrauchs auftreten, sind die notwendigen rechtlichen Schritte ohne Zögern einzuleiten und durchzuführen. Hierbei ist auf die besondere Schutzbedürftigkeit der Opfer in ihrer Zeuginneneigenschaft Rücksicht zu nehmen – wie z. B. darauf, daß

bei der Aussage Personen des Vertrauens anwesend sein können. Die auf Seiten der Kirche tätigen Personen in ihrer Eigenschaft als Arbeitgeberin bzw. Dienstherrin sollten sich mit der besonderen Problematik bei der Vernehmung und Behandlung dieser Fälle durch Fort- und Weiterbildung vertraut machen.

Frauenarbeit

Aus Sicht der Frauenarbeit sind Konzepte zu entwickeln, die Frauen dazu ermutigen, (eigene) Gewalterfahrungen zu reflektieren und zu verarbeiten. Präventiv sollten Frauen, speziell auch junge Frauen und Mädchen, im Sinne des »empowerment« dazu angeleitet werden, selbstbewußt und selbstbehauptend Bedürfnisse und Interessen zur Sprache zu bringen. Ein solches Verhalten ist nach Ansicht der Forschung das wirksamste Mittel, Gewalt entgegenzuwirken.

Männerarbeit

Die Männerarbeit empfiehlt aus ihren Erfahrungen:

- Entwicklung von Angeboten einer gelebten männlichen Spiritualität
- Kritische Reflexion der Gewalt fördernden Traditionen in der von Männern geprägten Theologie
- Offenlegung der alltäglichen und strukturellen Gewalt von Männern gegen Frauen, Kinder und Geschlechtsgenossen in Kirche und Gesellschaft
- Ausarbeiten von Konzepten für eine Täterarbeit im Rahmen evangelischer Männerarbeit
- Parteiliche Arbeit mit Jungen und Männern, die Opfer von Gewalt und Mißbrauch wurden
- Unterstützung des Abbaus von patriarchalen Sprachformen in Kirche und Gesellschaft
- Entwicklung von Projekten zur Überwindung von Feindbildern zwischen den Geschlechtern
- Training eines herrschaftsfreien Dialogs zwischen den Geschlechtern
- Ermutigung zu aktiver Vaterschaft im Sinne der Gewaltprävention.

Wichtig ist dabei, daß den Konzepten ein differenziertes Verständnis der Gewaltproblematik zugrunde liegt. Dadurch soll verhindert werden, daß die Problematik ausschließlich als Phänomen einzelner

Täter angesehen und strukturbedingte Gewalt ausgeblendet wird. Andererseits darf auch nicht der einzelne Täter aus der Verantwortung gezogen werden, indem nur auf die Strukturen und kulturell bedingte Ausprägungen von Gewalt gestarrt wird.

VI.3 Diakonische Handlungsfelder

In der Frauenhaus-Arbeit in diakonischer Trägerschaft gilt es – über die Absicherung der bestehenden Arbeit hinaus – die präventive Arbeit und die nachgehende Beratung auszubauen und finanziell abzusichern. Gleichzeitig soll das bestehende Angebot um Beratungsstellen für vergewaltigte Frauen und um Mädchenschutzhäuser erweitert werden.
Die Aktivitäten der Mitternachtsmission und anderer evangelischer Einrichtungen und Projekte, die mit von Gewalt betroffenen Frauen im Zusammenhang mit Prostitution und Frauenhandel arbeiten, sind ideell und finanziell weiter zu unterstützen.
Ein interdisziplinärer Austausch zwischen den Sozialwissenschaften und der wissenschaftlichen Theologie ist zu fördern und für die Praxis der sozialen Arbeit sowie deren eigene Theoriebildung nutzbar zu machen. Umgekehrt sollen die Praxiserfahrungen aus der Diakonie Eingang in Forschung und Lehre der genannten Disziplinen finden.
Um die Kooperation aller, die zum Problemfeld »Gewalt gegen Frauen« arbeiten, zu fördern, sollte zu regionalen »Runden-Tischen« eingeladen werden. Neben dem hier möglichen Erfahrungsaustausch könnte es zur Entwicklung neuer sowie zur Überprüfung bestehender Konzepte für die Bereiche Prävention, Beratung und Therapie kommen.
Für die Diakonie als Arbeitgeberin gelten die genannten Empfehlungen zum dienstlichen Umgang mit dem Problem. Durch die konsequente Umsetzung von Frauenförderplänen sollen Ungleichgewichte und strukturelle Benachteiligungen im Geschlechterverhältnis abgebaut und verhindert werden.

VI.4 Öffentlichkeit und Gesetzgebung

Rechtliche Schritte sind ein Mittel, der Gewalt gegen Frauen zu begegnen. In diesem Bereich ist durch die Strafbarkeit der Vergewaltigung in der Ehe endlich ein wichtiger Schritt getan worden. Ebenso wurden im Strafrecht bei Delikten gegen die sexuelle Selbstbestimmung weitere Lücken geschlossen. Zu dem sexuellen Mißbrauch in Heilbehandlungsverhältnissen liegen inzwischen zwei Strafgesetzentwürfe vor. Ein dringendes Bedürfnis für eine wirksame Strafverfolgung besteht im Bereich des Mädchen- und Frauenhandels. Das Strafmaß ist unzureichend und die Strafverfolgung muß koordiniert werden. Oft werden Zeuginnen von der Ausländerbehörde abgeschoben, so daß ein Strafverfahren keine oder kaum Aussicht auf Erfolg hat. In manchen Bundesländern bekommen Zeuginnen eine begrenzte Duldung bis zum Prozeß. Schutz oder Begleitung bis zu diesem gibt es kaum. Wegen der Bedrohung durch organisierte Täter ist Zeuginnenschutz wichtig.

Bei der Heirat eines deutschen Ehepartners haben ausländische Frauen keinen eigenen Aufenthaltsstatus, wenn die Ehe innerhalb der ersten vier Ehejahre aufgelöst oder geschieden wird. Erfahren sie Gewalt in der Ehe, sind sie der Gewalt hilflos ausgesetzt, wenn sie nicht abgeschoben werden wollen. Eine kürzlich verabschiedete Gesetzesreform des § 19 des Ausländergesetzes mit geänderter Härtefallregelung brachte nicht die geforderten Verbesserungen für die Situation betroffener ausländischer Ehefrauen. Es ist davon auszugehen, daß die meisten der mißhandelten Ehefrauen bei Trennung vom deutschen Ehemann auch in Zukunft die Bundesrepublik verlassen müssen.

Ein breites Problemfeld sind die Beweislage und die Beweislastregeln in Straf-, aber auch in Zivilrechts-, Arbeitsrechts- und in Disziplinarverfahren. Diese sind selbst für Juristinnen und Juristen den Frauen schwer zu vermitteln. Sie begünstigen vielfach die Täter. Die Opfer erleben die Strukturen oft als erneute Gewalt und resignieren. Eine Genugtuung durch Schadenersatzzahlungen scheitert oft an Verjährungsregeln. Insbesondere bei sexuellem Mißbrauch in Therapie ist es keine Seltenheit, daß Frauen erst nach zehn bis zwanzig Jahren in der Lage sind, über die Erlebnisse zu reden; bekannt ist das auch von Vergewaltigungen im Krieg. Das Recht muß für diese Schwierigkeiten geeignete Wege finden.

Die evangelische Kirche sollte die Entwicklung in den genannten Rechtsbereichen sorgsam beobachten und sich für die genannten Rechtsreformen einsetzen.

Diese Handlungsansätze und Empfehlungen benennen beispielhaft einzelne Arbeitsfelder und Problemaspekte.

Sie müssen in einem nächsten Arbeitsschritt ergänzt und konkretisiert werden. Das gilt auch für die gesellschafts- und sozialpolitischen Konsequenzen, die sich aus der Analyse gesellschaftlicher Gewaltverhältnisse ergeben.

Literaturverzeichnis

Grundlegendes

Adams, Carol J. / Fortune, Marie M. (Hrsg.): Violence against Women and Children. A Christian Theological Sourcebook, New York: Continuum Publishing Company 1995.

Arbeitsgruppe »Frauenzentrum beim Kirchentag« (Hrsg.): Frauen im Zentrum. Begegnen – auseinandersetzen – verabreden. Dokumentation zum DEKT 1993 in München 1993, München 1994.

Brooten, Bernadette: Das Problem von Sexualität und Macht, in: Schlangenbrut 2/1983, S. 25 – 27.

Brown, Joanne Carlson: »Mit Rücksicht auf die Engel«. Sexuelle Gewalt und sexueller Miß-brauch, in: Concilium 2/1994, S. 108 – 114.

Cancik-Lindemaier, Hildegard: Opfersprache. Religionswissenschaftliche und religionsgeschichtliche Bemerkungen, in: Gudrun Kohn-Waechter (Hrsg.), Schrift der Flammen. Opfermythen und Weiblichkeitsentwürfe im 20. Jahrhundert, Berlin 1991, S. 38 – 56.

Carlsom Brown, Joanne / Bohn, Carol R. / Parcer, Rebecca (Hrsg.): Christianity, Patriarchy and Abuse: A Feminist Critique, New York: Pilgrim Press 1989.

Dubberke, Martin: Mann – Macht – Gewalt und christlicher Bußgedanke im Kontext. Zur Notwendigkeit spezifischer Beratung gewalttätiger Männer in der Evangelischen Kirche, Berlin 1997

Elizondo, Felisa: Strategien des Widerstands und Quellen der Heilung aus dem Christentum, in: Concilium 2/1994, S. 171 – 178.

Esquivel, Julia: Die eroberte und vergewaltigte Frau, in: Fama 8.1/1992, S. 5 – 6.

Fama 9.2/1993, Schwerpunktthema »Sexuelle Ausbeutung«.

Fortune, Marie M.: »My God, My God, Why Have you Forsaken Me?«, in: dies. (Hrsg.) Spinning a Sacred Yarn: Women from the Pulpit, New York 1982, S. 65 – 71.

Fortune, Marie M.: Fehltritte von Seelsorgern. Sexueller Mißbrauch in der seelsorgerlichen Beziehung, in: Concilium 2/1994, S. 178 – 185.

Fortune, Marie M.: Is Nothing Sacred? The Story of a pastor, the women he sexually abused, and the congregation he nearly destroyed, San Francisco: Harper 1989.

Fortune, Marie M.: Sexual Violence – The unmentionable Sin, New York 1983.

Gnanadason, Aruna: Die Zeit des Schweigens ist vorbei. Kirchen und Gewalt gegen Frauen, Luzern 1993.

Gnanadason, Aruna / Kanyoro, Musimbi / McSpadden, Lucia Ann: Women, violence and nonviolent change, Genf 1996.

Heider-Rottwilm, Antje: Weltweit wuchernde Gewalt. Herausforderung an die Solidarität der Kirchen, in: Schlangenbrut 41/1993, S. 30 – 32.

Himmel und Erde. Frauen in Gewaltverhältnissen, hrsg. v. Brigitte Franzen, Ulrike Hoffman u.a. (im Auftrag der EKHN), Marburg 1996.

Himmel und Erde. Pädagogische Materialien zu Frauen in Gewaltverhältnissen, hrsg. v. Brigitte Franzen, Ulrike Hoffmann u.a., Darmstadt 1995.

Ich hab' doch Recht(e). Sexuelle Gewalt gegen Mädchen und Frauen. Rechtsratgeberin, hrsg. v. Bund der Deutschen Katholischen Jugend (BDKJ), Frankfurt/M. 1995

Klemmayer, Rita: Religion und Inzest, in: Dokumentation Villigster Forum »Therapie, Intervention und Prävention bei sexuellem Mißbrauch von Mädchen und Jungen« vom 24. – 25.3.1990, Villigst 1990.

Kuhn, Jochen: Der mißbrauchte Gott. Zur Sexuellen Kindesmißhandlung in christlichen Familien, in: Reformierte Kirchenzeitung 5/1995 S. 223 – 230.
Lueg, Claudia: Sexueller Mißbrauch – Überlegungen aus feministisch-theologischer Sicht, in: Sexueller Mißbrauch von Kindern und Jugendlichen. Dokumentation einer Ringvorlesung, Uni-GH Essen, Essen 1991, S. 113 – 139.
Manazan, Mary John: Weibliche Sozialisation: Frauen als Opfer und Mittäterinnen, in: Concilium 2/1994, S. 135 – 141.
Matter, E. Ann: Kirchliche Gewalt: Hexen und Häretikerinnen, in Concilium 2/1994, S. 160 – 165.
Meyer-Wilmes, Hedwig: Gewalt gegen Frauen – Vergewaltigung, in: Schlangenbrut 3/1983, S. 22 – 25.
Meyer-Wilmes, Hedwig: *Von Angesicht zu Angesicht. Intimität und sexueller Mißbrauch* in pastoralen Beziehungen, in: Schlangenbrut 46/1994, S. 12 – 14.
Möde, Erwin: Sexueller Mißbrauch und mißbrauchter Vater-Gott, München 1995.
Rijnaarts, Josephine: Lots Töchter, Düsseldorf 1988.
Rossetti, Stephen J. / Müller, Wunibald (Hrsg.): Sexueller Mißbrauch minderjähriger in der Kirche: psychologische, seelsorgerliche und institutionelle Aspekte, Mainz 1996.
Scarf, Mimi: Marriages Made in Heaven? Battered Jewisch Wives, in: Susannah Heschel (Hrsg.), On Being a Jewish Feminist. A Reader, New York 1983, S. 51 – 64.
Schüssler-Fiorenza, Elisabeth: Gewalt gegen Frauen, in: Concilium 2/1994, S. 95 – 107.
Sölle, Dorothee: Gewalt. Ich soll mich nicht gewöhnen, Stuttgart 1994.
Stenzel, Eileen: Maria Goretti oder wie Heilige gemacht werden, in; Concilium 2/1994, S. 165 – 171.
Strecker, Julia: Die Frage hinter der Frage. Feministische Seelsorge – Perspektiven im Neuland, in: Schlangenbrut 46/1994, S. 5 – 8.
Taylor, Mark: Wie man Monster zum Tanzen bringt. Männlichkeit, weiße Vorherrschaft, kirchliche Praxis, in: Concilium 2/1994, S. 141 – 154.
Thistlethwaite, Susan: Alle zwei Minuten: Geschlagene Frauen und feministische Bibelinterpretation, in: Letty M. Russel (Hrsg.), Befreien wir das Wort. Feministische Bibelauslegung, München 1989, S. 113 – 127.
Thistlethwaite, Susan: Sex, Race, God, 1989.

Zeitschriften / Themenhefte

Concilium. Internationale Zeitschrift für Theologie, 2/1994.
anken & dienen. Arbeitshilfen für Verkündigung, Gemeindearbeit und Unterricht: »Thema: Gewalt hat viele Gewichter...« (hrsg. v. Diakonischen Werk der EKD), Stuttgart 1993.
Dekade-Materialien 4. Thema: Gewalt, hrsg. v. Ev. Frauenhilfe in Westfalen e.V./ Westfälische Arbeitsstelle »Ökumenische Dekade – Solidarität der Kirchen mit den Frauen (1988 – 1998)«, Soest 1992.
Dekade-Materialien 3. Thema: Mädchen, hrsg. v. Ev. Frauenhilfe in Westfalen e.V./ Westfäli-sche Arbeitsstelle »Ökumenische Dekade – Solidarität der Kirchen mit den Frauen (1988 – 1998)«, Soest 1991.
Dialog der Religionen: Religion und Gewalt, hrsg. v. von Brück u.a., 6. Jg. 2/1996
Die Evangelische Frau. Ein Blatt für kirchliche Frauenarbeit, 6/1995.
Efi: Ev. Frauenzeitung in Bayern, 4/1993.
epd-Dokumentation 40/1995: Zu den Folgen des Vorwurfs »Kindesmißbrauch«. Texte zu einer im Vorfeld heftig attackierten Tagung in der Ev. Akademie Bad Boll, Frankfurt/M.

epd-Dokumentation 17/97 und 17a/97: Gewalt gegen Frauen – theologische Aspekte, Frankfurt/M.
Frauen unterwegs. Zeitschrift der Ev. Frauenhilfe in Deutschland e.V., 11/1995.
Gewalt gegen Frauen. Dokumentation, hrsg. v. kfd, Düsseldorf 1995.
Lila Blätter. Rundbrief des Frauenreferats der EKvW Nr. 7/1993: Schwerpunktthema Sexuelle Gewalt.
Schlangenbrut. Streitschrift für feministisch und religiös interessierte Frauen, 25/1989, 41/1993 und 48/1995.
Women's World 30/1996: Justice for Women. Victims of War. Documenting Women's Human Rights Abuses (hrsg. v. Isis-WICCe; P.O.Box 4934; Kampala, Uganda; East Africa).

Ethik

Kahn, Charlotte: Das Problem der Gewalt gegen Frauen in der Ehe als Anfrage an die pastorale Theologie und Praxis, Diplomarbeit im Fach Pastoraltheologie, Kath. Fakultät Münster 1989.
Kirchhoff, Renate: Immer noch der Männerblick auf Frauengeschichten? Warum die Soliden die Huren gern als Opfer sehen, in: Schlangenbrut 50/1995, S. 17 – 21.
Praetorius, Ina: Gewalt gegen Frauen – ein Thema für die Theologie, in: Neue Wege 10/1990, S. 278 – 282.
Praetorius, Ina: Theologische Überlegungen zur Weiterentwicklung des Ehe- und Familienrechts, in: Schlangenbrut 27/1989, S. 12 – 18.
Schiele, Beatrix: Gewalt gegen Frauen als Herausforderung einer feministischen Ethik, in: Schlangenbrut 35/1991, S. 6 – 12.
Schiele, Beatrix: Gewalt und Gerechtigkeit, in: Concilium 2/1994, S. 121 – 128.
Schiele, Beatrix: Pornographie: Kunst und Pressefreiheit auf Kosten von Frauen. Ein Beispiel angewandter feministischer Ethik, in: Projektgruppe Ethik im Feminismus. Anfragen 2. Vom Tun und Lassen. Feministisches Nachdenken über Ethik und Moral, Münster 1992, S. 87 – 118.
Wilhelm, Dorothee: »Nicht ohne meine Grenzen«. Zum Verhältnis von Sexismus und Rassismus als Thema feministisch-theologischer Ethik, in: Schlangenbrut 34/1991, S. 18 – 21.

Systematische Theologie

Brock, Rita Nakashima: Journeys by Heart. A Christology of Erotic Power, New York: Crossroad 1988.
Blumenthal, David R.: Facing the Abusing God. A Theology of Protest, Louisville / Kentucky 1993.
Elgersma, Hanneke: Verletzt und verletzlich. Zum Verhältnis von Christologie und sexueller Gewalt, in: Schlangenbrut 41/1993, S. 20 – 26.
Schaumberger, Christine / Schottroff, Luise: Schuld und Macht, München 1988.
Thierfelder, Constance: Outercourse. Eine atemberaubende Reise durch neue Galaxien, in: Schlangenbrut 41/1993, S. 33 – 35.

Exegese und biblische Hermeneutik

Bail, Ulrike: Die Klage einer Frau. Zu sprechen gegen das Schweigen. Sozialgeschichtliche Auslegung von Ps 55, in: Junge Kirche 3/1996, S. 154 – 157.

Bail, Ulrike: Susanna verläßt Hollywood. Eine feministische Auslegen von Dan 13, in: Ulrike

Bail, Ulrike / Jost, Renate: Gott an den Rändern. Sozialgeschichtliche Perspektiven auf die Bibel, Gütersloh 1996, S. 91 – 98.

Bail, Ulrike: »Vernimm, Gott, mein Gebet«. Psalm 55 und Gewalt gegen Frauen, in: Hedwig Jahnow u.a., Feministische Hermeneutik und Erstes Testament. Analysen und Interpretationen, Stuttgart 1994, S. 67 – 84.

Bal, Mieke / van Dijk-Hemmes, Fokkelien / van Ginneken, Grietje: Und Sara lachte... Patriarchat und Widerstand in biblischen Geschichten, Münster 1988.

Bal, Mieke: Death und Dissymetry. The politics of coherence in the Book of Judges, Chicago / London 1988.

Brenner, Athalya (Hrsg.): A Feminist Companion to The Latter Prophets. The Feminist Companion to The Bible 8, Sheffield 1995.

Burrichter, Rita: Die Klage der Leidenden wird stumm gemacht. Eine biblisch-literarische Reflexion zum Thema Vergewaltigung und Zerstörung der Identität, in: Christine Schaumberger (Hrsg.), Weil wir nicht vergessen wollen... Zu einer Feministischen Theologie im deutschen Kontext, An-Fragen Bd. 1, Münster 1987, S. 11 – 46.

Burrichter, Rita: Lots Töchter lesen einen biblischen Kommentar, in: Schlangenbrut 25/1989, S. 22 – 24.

Exum, Cheryl J.: Fragmented Women. Feminist (Sub)versions of Biblical Narratives, JSOT S. 163, Sheffield 1993.

Fischer, Irmtraud: »Geh, und laß dich unterdrücken!« Repression gegen Frauen in biblischen Texten, in: Concilium 2/1994, S. 155 – 160.

Jost, Renate: Die Töchter deines Volkes prophezeien, in: Dorothee Sölle (Hrsg.), Für Gerechtigkeit streiten. Theologie im Alltag einer bedrohten Welt (FS für Luise Schottroff zum 60. Geburtstag), Gütersloh 1994.

Jost, Renate: Frauen, Männer und die Himmelskönigin. Exegetische Studien, Gütersloh 1995.

Jost, Renate: Achsas Quellen, Feministisch-sozialgeschichtliche Überlegungen zu Josua 15,15-20/Ri 1,12-15, in: Kessler, Rainer u.a., »Ihr Völker alle, klatscht in die Hände!« (Festschrift für E.S. Gerstenberger zum 65. Geburtstag), Münster 1997.

Jones-Warsaw: Toward a Womanist Hermeneutics: A Reading of Judges 19-21, in: Athalya Brenner (Hrsg.), A feminist companion to Judges (The feminist companion to the Bible; 4) Sheffield 1993, S. 172 – 186.

Magdalene, F. Rachel: Ancient Near Eastern Treaty-Curses and the Ultimate Texts of Terror: A Study of the Language of Divine Sexual Abuse in the Prophetic Corpus, in: Athalya Brenner (Hrsg.), A feminist companion to the latter prophets (The feminist companion to the Bible; 8), Sheffield 1995, S. 326 – 352.

Maier, Christl: Die ›fremde Frau‹ in Proverbien 1-9. Eine exegetische und sozialgeschichtliche Untersuchung, OBO 144, Fribourg 1995.

Maier, Christl: Jerusalem als Ehebrecherin in Ezechiel 16. Zur Verwendung und Funktion einer biblischen Metapher, in: Hedwig Jahnow u.a., Feministische Hermeneutik und Erstes Testament. Analysen und Interpretationen, Stuttgart 1994, S. 85 – 105.

Mc Clintock Fulkerson, Mary: Contesting Feminist Canons. Discourse and the Problem of Sexist Texts, in: JFSR 7.2/1991, S. 53 – 73.

Müllner, Ilse: Macht – Sexualität – Gewalt. Die Geschichte von Tamar und Amnon (2 Sam13,1-22) im Kontext der »Thronnachfolgeerzählungen« Davids (diss.masch.), Münster 1996.

Müllner, Ilse: Tödliche Differenzen. Sexuelle Gewalt als Gewalt gegen andere in Ri 19, in: Marie-Theres Wacker / Luise Schottroff, Von der Wurzel getragen. Christlich-feministische Exegese in Auseinandersetzung mit Antijudaismus, Leiden 1996, S. 81 – 100.

Penchansky, Davis: Staying the Night: Intertextuality in Genesis and Judges, in: Danna Nowell Fewell (Hrsg.), Reading between texts. Intertexuality and the Hebrew Bible, Louisville / Kentucky 1992, S. 77 – 88.
Rienstra, Marchienne Vroon: Swallow's Nest. A Feminine Reading of the Psalms, Grand Rapids / Michigan 1992.
Schroer, Silvia: Frauen und die Gewaltfrage im Ersten Testament. KatBl 119/1994, S. 676 – 686.
Seifert, Elke: Die Verfügungsgewalt der Väter über ihre Töchter im Alten Testament. Eine ideologiekritische Untersuchung zur Tochter-Vater-Beziehung und zur Vater-Tochter-Beziehung in Erzählungen, Rechtstexten und Metaphern des Ersten Testaments, Diss. masch. Marburg 1995.
Seifert, Elke: Lot und seine Töchter. Eine Hermeneutik des Verdachts, in: Hedwig Jahnow u.a., Feministische Hermeneutik und Erstes Testament. Analysen und Interpretationen, Stuttgart 1994, S. 48 – 66.
Setel, T. Drorah: Propheten und Pornographie: Weibliche sexuelle Metaphorik bei Hosea, in: Letty M. Russel (Hrsg.), Befreien wir das Wort. Feministische Bibelauslegung, München 1989, S. 101 – 112.
Sheppard, Gerald T.: »Enemies« and the Politics of Prayer in the Book of Psalms, in: David Jobling / Pegga L. Day / Gerald T. Sheppard (Hrsg.), The Bible and the Politics of Exegesis. Essays in Honor of Norman K. Gottwald on his Sixty-Fifth Birthday, Cleveland / Ohio 1991, S. 61 – 82.
Smith, Jenny: The Discourse Structure of the Rape of Tamar (2 Sam 13,1-22), in: VE 20/ 1990, S. 21 – 42.
Standhartinger, Angela: »Um zu sehen die Töchter des Landes«. Die Perspektive Dinas in der jüdisch-hellenistischen Diskussion um Gen 34, in: Lukas Borman / Kelly Del Tredici / Angela Standhartinger (Hrsg.), Religious propaganda and Missionary Competition in the New Testament World. Essays in Honoring Dieter Georgi, Leiden / New York / Köln 1994, S. 89 – 116.
Thistlethwaite, Susan B.: »You May Enjoy the Spoil of Your Enemies«: Rape as a Biblical Metaphor for War, in: Semeia 61/1993, S. 59 – 75.
Trible, Phyllis: Mein Gott, warum hast du mich vergessen! Frauenschicksale im Alten Testament, Gütersloh 1987.
Van Dijk-Hemmes, Fokkelien: The Metaphorization of Women in Prophetic Speech: An Analysis of Ezechiel XXIII, in: VT 43/1993, S. 162 – 170.
Wacker, Marie-Theres: Figurationen des Weiblichen im Hosea-Buch, HBS 8, Freiburg 1996.
Weems, Renita J.: »Battered Love«. Marriage, Sex, and Violence in the Hebrew Prophets, Minneapolis: Fortress Press 1995.
Wöller, Hildegunde: Vom Vater verwundet. Töchter der Bibel, Stuttgart 1992.

Predigten, Liturgien

Ahrens, Sabine u.a. (Hrsg.): Und schuf sie als Mann und Frau. Eine Perikopenreihe zu den Lebenswirklichkeiten von Frauen und Männern für die Sonn- und Feiertage des Kirchenjahres, Gütersloh 1995.
Blanke, Jutta (Hrsg.): Mache der Furchtsamen Mut. Frauen predigen über Gewalt gegen Frauen in biblischen Texten, Bremen 1994.
Foote, Catherine J.: Survivor Prayers. Talking with God about Childhood Sexual Abuse, Louisville / Kentucky 1994.
Gummel, Gabriele: David und Bathseba. Und Gott mißfiel, was David tat, in: Schlangenbrut 44/1994, S. 42 – 44.

Korenhof, Mieke (Hrsg.): Mit Eva predigen. Ein anderes Perikopenbuch, Düsseldorf 1996.
Leistner, Herta: Die Nebenfrau des Leviten. Andacht bei der Frauenakademie »Geschlecht: weiblich. Körper – Beziehungen – Strukturen« 22. – 26.5.1989, in: Feministische Theologie-Praxis. Werkstattbuch 2 (Arbeitshilfen Heft 5), hrsg. v. Ev. Akademie Bad Boll, 1992, S. 56 – 58.
Meyer, Martina / Heinrichs, Dorothee: »Und die Dornen erstickten die Saat«. Feministische Predigt zu Mk 4,2-8, in Schlangenbrut 36/1992, S. 24 – 25.
Radford-Ruether, Rosemary: Unsere Befreiung feiern, unsere Wunden heilen. Rituale und Liturgien in der Frauenkirche, Stuttgart 1988.
Schatz-Hutschmann, Renate: »Wo sollte ich mit meiner Schande hin?« Predigt zu 2. Sam 13,1-22, in: Schlangebrut 25/1989, S. 30 – 33.
Schmidt, Eva Renate / Korenhof, Mieke / Jost, Renate: Feministisch gelesen. Ausgewählte Bibeltexte für Gruppen, Gemeinden und Gottesdienste, Bde. 1 und 2, 1988/89.
Voss, Almut: Das Schweigen lösen, Predigt über Gen 34, in: Schlangenbrut 41/1993, S. 27 – 30.
Waas, Bernadette: Wer ist die Nächste? Predigt zum Thema Vergewaltigung, in: Schlangenbrut 21/1988, S. 22 – 23.

Mitglieder der Kommission

Gabriele Bartsch,
Frauenbeauftragte beim Evangelischen Oberkirchenrat Württemberg

Dipl.-Psych. Ulf Claußen,
Sozialwissenschaftliches Institut der EKD

Rosemarie Daumüller,
Diakonisches Werk der EKD, Referat Frauen und Familie

OKRin Antje Heider-Rottwilm,
vormals Westfälische Arbeitsstelle »Ökumenische Dekade«
und Ökumenische Projektgruppe zur Dekade

Dr. Renate Jost,
Frauenstudien- und -bildungszentrum der EKD

Pfarrerin Susanne Kahl-Passoth,
Evangelische Frauenarbeit in Deutschland

Pfarrer Friedhelm Meiners,
Männerarbeit der EKD

Pfarrerin Sigrid Reihs,
Sozialwissenschaftliches Institut der EKD

OKRin Sigrid Häfner,
Frauenreferentin der EKD, Kirchenamt der EKD

OKRin Elsbeth Winkler-Vink,
Kirchenamt der EKD (Geschäftsführung)

Catharine Osthövener
Bestandsaufnahme der kirchlichen Aktivitäten, Kapitel IV

Teil II

Gewalt gegen Frauen
Theologische Reflexion

1999

Vorwort

1. Vorgeschichte

Die EKD-Synode hat im November 1995 in Friedrichshafen ein Studienvorhaben »Gewalt gegen Frauen« beschlossen. Der Bericht über dieses Vorhaben ist der Synode inzwischen zugeleitet worden. Ergänzend hat der Rat der EKD im Oktober 1997 eine gesonderte und vertiefte Reflexion der theologischen Fragestellung in Auftrag gegeben. Untersucht werden sollte, in welcher Weise die theologischen und kirchlichen Traditionen Gewalt gegen Frauen begünstigen oder religiös legitimieren und in welcher Weise sie andererseits zur Überwindung der Gewalt gegen Frauen beitragen können.
Das hier vorgelegte Ergebnis dieser Reflexion ist als eine Ergänzung zu dem Bericht »Gewalt gegen Frauen« von 1997 zu verstehen; dort bereits vorgelegte theologisch relevante Aussagen sollen hier nicht noch einmal wiederholt werden. Vorausgesetzt wird insbesondere der Exkurs über die »Diskussion des Themas in der Frauenarbeit und der Männerarbeit«, der wichtige Hinweise gibt, wie das Problem der Gewalt gegen Frauen in einer geschlechtsspezifischen Perspektive theologisch reflektiert werden kann. Hinzuweisen ist ferner auf das Kapitel »Handlungsansätze und Empfehlungen«, das exemplarisch eine Reihe von Impulsen für einen theologisch reflektierten Umgang mit Gewalt in Kirche und Gesellschaft gibt. Außerdem stützt sich das vorliegende Papier auf die Ergebnisse der Konsultation »Gewalt gegen Frauen – theologische und ethische Aspekte«, die im Rahmen des Studienvorhabens Anfang 1997 im Frauenstudien- und -bildungszentrum der EKD in Gelnhausen mit Vertreterinnen und Vertretern der theologischen Fachdisziplinen stattgefunden hat (epd-Dokumentation 17/1997).

2. Näherbestimmung des Themas

Durch Gewalt wird die körperliche und seelische Integrität eines Menschen verletzt. Sie ist ein Angriff auf die Menschenwürde und widerspricht dem Recht auf Leben und körperliche Unversehrtheit und auf die Freiheit der Person. Dies gilt gegenüber jeder Person.

Gewalt von Männern oder Jungen gegenüber Frauen oder Mädchen nutzt dabei nicht nur allgemein deren körperliche Unterlegenheit aus. Es kann sich dabei um direkte sexuelle Gewalt oder um andere direkte und indirekte Formen von Gewalt gegen Frauen handeln, »die mit der Geschlechtlichkeit des Opfers und des Täters zusammenhängt und die unter Ausnutzung des strukturell vorgegebenen Machtverhältnisses zwischen Männern und Frauen zugefügt wird.« (4. Weltfrauenkonferenz 1995 in Peking, a.a.O. S. 7).
Das Machtgefälle zwischen Männern und Frauen ist in neuerer Zeit zwar durch das Bemühen um die Gleichberechtigung der Geschlechter in der Gesellschaft und in der Kirche abgemildert. Religiöse und theologische Traditionen, die die Aufrechterhaltung gewaltfördernder Strukturen begünstigen, wirken aber immer noch nach.

3. Gewalt als Sünde

Es gehört zu den grundlegenden Aussagen christlicher Theologie, daß die Kirchen Gewalt in jeder Form ablehnen. Diese Ablehnung ist in der theologischen Tradition nicht deutlich genug auf die direkte und indirekte Ausübung von Gewalt gegen Frauen bezogen worden. Es ist an der Zeit, daß die Kirchen in ihrer Verkündigung und in ihren öffentlichen Verlautbarungen deutlich machen, daß sexuelle Gewalt das Bild Gottes in dem jeweiligen Gegenüber, sei es ein Mann oder eine Frau, ein Junge oder ein Mädchen, mißachtet. Gewalt verletzt nicht nur die körperliche und seelische Integrität der Betroffenen, sondern beschädigt auch die Menschlichkeit derer, die Gewalt ausüben. Jeder Akt der Gewalt gegen Frauen im Raum der Kirche verletzt den Leib Christi und verhindert an einem grundlegenden Punkt die Gemeinschaft von Frauen und Männern.
In einem Brief von dem Abschlußfestival der Dekade »Die Kirchen in Solidarität mit den Frauen« an die 8.Vollversammlung des Ökumenischen Rates der Kirchen in Harare 1998 werden die Kirchen aufgefordert, Gewalt gegen Frauen ausdrücklich zu verurteilen und aus dieser Verurteilung Konsequenzen zu ziehen:
»Wir halten fest: An der Abschaffung von aller Gewalt in ihren verschiedenen Formen (...) und der Kultur der Gewalt, vor allem dort, wo es um das Leben und die Würde von Frauen geht. Und wir erklären unsere Bereitschaft, allen Versuchen einer Entschuldigung,

Verharmlosung und Rechtfertigung von Gewalt zu widerstehen. Als Frauen und Männer des Dekadefestivals erklären wir, daß Gewalt in der Kirche eine Sünde wider die Menschheit und die Erde ist. Deshalb: Fordern wir die 8. Vollversammlung auf, ja wir flehen sie an, Gewalt gegen Frauen vor aller Welt zur Sünde zu erklären. In unserer Verantwortung vor Gott und uns selbst empfehlen wir deshalb, die Vollversammlung möge wegen der Teilhabe der Kirchen an dieser Gewalt einen Prozeß der Buße beginnen und für die Erneuerung unserer Theologien, Traditionen und Praktiken für Gerechtigkeit und Frieden unter Frauen, Männern und Kindern in ihren Häusern und Gemeinschaften eintreten.«

4. Zielsetzung des Papiers

Das Problem der Gewalt gegen Frauen und die Frage nach ihren Ursachen weckt bei allen Beteiligten, Männern wie Frauen, vielfältige Vorbehalte, Abwehrhaltungen und Ängste. Lange Zeit wurde Gewalt gegen Frauen verschwiegen oder verharmlost. Gerade im kirchlichen Bereich schien es undenkbar, daß Frauen und Mädchen in Gemeinden und in christlichen Familien Gewalt erfahren. Durch die Frauenbewegung ist dieses tabuisierte Thema jetzt stärker in das Bewußtsein auch kirchlicher Kreise getreten. Es scheint uns deshalb nötig, daß die Kirchen sich dem Problem um der betroffenen Frauen und um der Integrität der Kirche willen ausdrücklich stellen. Die Frage nach den theologischen Anteilen gewaltfördernder Strukturen erfordert eine selbstkritische Reflexion über den christlichen Glauben und über bestimmte Auswirkungen seiner Tradierung. Deshalb ist es das Ziel des Papiers, das Problembewußtsein bei den haupt- und ehrenamtlichen Mitarbeiterinnen und Mitarbeitern auf allen Ebenen der Kirche zu schärfen und die Diskussion auch unter theologischem Aspekt voranzutreiben.

5. Vorgehen

Nach einer kurzen Einleitung zu den Aufgaben und Vorgehensweisen einer theologischen Reflexion der Gewalt gegen Frauen sollen im folgenden drei Beispiele von Gewalt gegen Frauen und Mädchen im Raum der Kirche aufgeführt und kurz kommentiert werden, an denen exemplarisch der theologische und kirchliche Hintergrund des Problems deutlich wird. Beispiele sind zur Konkretion unverzichtbar. Sie dürfen nicht als Ausnahmefälle abgetan, sondern müssen als Symptome ernst genommen werden. Theologie und Kirche sind nicht nur auf ihre guten Absichten hin zu befragen, sondern auch für die Folgen ihres Denkens und Handelns verantwortlich zu machen.

Es folgt eine Auseinandersetzung damit, daß und wie die Bibel von Gewalt gegen Frauen spricht und wie diese Texte heute gelesen werden können. Anschließend werden vier wesentliche Anfragen und Probleme thematisiert. Den Abschluß bilden Überlegungen zu den Aufgaben für das Handeln der Kirche und praktisch-theologische Reflexionen in ausgewählten kirchlichen Handlungsfeldern.

Methodisch ist bei diesem Thema zu berücksichtigen, daß sich die Berufung von Tätern auf biblische, theologische und kirchliche Traditionen sowie der Anteil christlicher Motive im Selbstverständnis von Frauen, die Gewalt erleiden, aus mehreren Gründen nur in Grenzen erforschen läßt. Eine Grundlage für solche Erhebungen können nur Selbstaussagen sein. Einflüsse biblischer, theologischer und kirchlicher Texte wie die Einflüsse anderer kultureller Texte sowie die religiöse und geschlechtsspezifische Sozialisation auf das Verhalten und das Selbstverständnis können nicht exakt bestimmt werden. Daß aber Täter in ihrem gewaltsamen Zugriff auf Frauen und Frauen, die Gewalt erleiden, in ihrem Selbstverständnis durch christliche Traditionen wesentlich mitbestimmt sind, ist durch Erfahrungsberichte bezeugt.

Literatur:

Gewalt gegen Frauen. Ein Bericht im Auftrag des Rates der EKD an die Synode der EKD 1997, Münster 1998

Konsultation »Gewalt gegen Frauen – theologische und ethische Aspekte«. epd-Dokumentation 17/1997

4. Weltfrauenkonferenz 1995 in Peking. Beiträge des Nationalen Vorbereitungskomitees, Langfassung, BMFSFJ, Bonn, 2. Auflage 1995

Von der Solidarität zur Rechenschaftspflicht. Brief an die 8. Vollversammlung des ÖRK von den Frauen und Männern des Dekadefestivals, abgedruckt u.a. in: Harare (2), epd-Dokumentation 3/99, S. 33 – 44

I Aufgaben einer theologischen Reflexion der Gewalt gegen Frauen

Ungezählte Frauen und Mädchen werden weltweit und auch in der Bundesrepublik täglich zu Opfern sexueller Gewalt, von Vergewaltigung, Prostitution, Kinderpornographie, Sextourismus und Frauenhandel. Obwohl in den letzten Jahren die öffentliche Aufmerksamkeit für diese Gewalt gewachsen ist, wird sie noch immer dort weitgehend ignoriert, wo sie den eigenen Nahbereich, die eigene Familie und die Institutionen betrifft, in denen wir uns gewöhnlich bewegen. Auch in den Kirchen und in der universitären Theologie wird Gewalt gegen Frauen nur selten zum allgemein relevanten Thema, obwohl sich alle schnell einig darin werden, daß diese Gewalt in keiner Weise zu rechtfertigen ist, daß sie die Menschenwürde zutiefst verletzt. Welchen Beitrag können die Kirchen und die Theologie leisten, die Gewalt zu beenden und dauerhaft zu verhindern?

I.1 Wahrnehmen der Gewalt

Von Frauen, die Gewalt erlitten haben, ist zu lernen, daß sich die Bemühungen um eine Überwindung der Gewalt nicht auf einen Appell beschränken dürfen, sondern daß ein erster Schritt einer theologischen Reflexion der Gewalt gegen Frauen darin besteht, die Gewalt als Realität *wahr-zu-nehmen*. Gewalt darf nicht länger ignoriert, geleugnet und verharmlost werden, sondern muß in der Familie, in den Institutionen und in der Öffentlichkeit aufgedeckt werden. Daß das Unrecht und die Verletzungen von anderen erinnert werden, fördert den Befreiungsprozeß von Frauen, denen sie zugefügt wurden, und zwingt die Täter, sich mit der Verantwortung für ihr Tun auseinanderzusetzen.

I.2 Selbstaufklärung über den Anteil theologischer Reflexion an der Gewalt gegen Frauen

An der Gewalt gegen Frauen, durch die Männer Frauen und Mädchen zu Opfern ihrer körperlichen und psychischen häufig sexuel-

len Gewaltausübung machen, ist die Theologie, das Nachdenken über Gott, nicht *direkt* beteiligt. Dennoch müssen sich die Kirchen und die Theologie »heute der Frage stellen, ob sie nicht über Jahrhunderte das Evangelium so gepredigt haben, daß sie zur Gewaltbereitschaft von Männern, zur Ohnmacht von Frauen und Mädchen und zur gesellschaftlichen Duldung von Gewalt in der Familie beigetragen haben.« (EFD, 1996, S. 6)
In biblischen, theologischen und kirchlichen Texten spiegelt sich zum einen die gesellschaftliche patriarchale Wirklichkeit, gleichzeitig prägen diese Texte die Wirklichkeit eigens mit. Die Kirchen sind einerseits Teil der gesellschaftlichen Öffentlichkeit, andrerseits stehen sie ihr als eine eigene Öffentlichkeit gegenüber. Inwieweit der Ursprung der Gewalt gegen Frauen und des Patriarchalismus in der Religion und der Theologie zu suchen ist oder ob sich die gesellschaftliche Realität und die faktische Gewalt gegen Frauen in ihnen niederschlagen, läßt sich nicht immer trennen und muß im einzelnen diskutiert werden. In der Kultur sowie in den biblischen, theologischen und kirchlichen Texten und der kirchlichen Praxis ist der Patriarchalismus verwoben. Text und Kontext beeinflussen sich in diesem Sinne gegenseitig.
Die Strukturen der Gewalt, die fördern, daß Frauen und Mädchen zu Opfern und Männer zu Tätern werden, sind vielfältig und komplex. Auch theologische Denkmuster haben Anteil daran. Viele, auch zentrale, Elemente des theologischen Nachdenkens über Gott, die Menschen, die Sünde, die Kirche und die christliche Ethik können gewaltfördernd verstanden oder mißverstanden werden. Bestimmte theologische Argumentationsfiguren können Männer darin bestärken, daß züchtigende Gewalt gegenüber Frauen und Kindern im Sinne Gottes sein könne, und Frauen darin, daß ein Gott wohlgefälliges Leben das Erdulden von Gewalt und das Opfer des eigenen Leibes einschließe.
In einem zweiten Schritt, den eine theologische Reflexion der Gewalt gegen Frauen vollziehen kann, können mögliche Zusammenhänge zwischen theologischen Denkmustern und Vorstellungen, die Gewalt gegen Frauen fördern, aufgedeckt und gewaltüberwindende Argumentationen entwickelt werden. Dies kann geschehen, indem sich die theologische Reflexion auf die biblisch überlieferte wahrheitsstiftende, befreiende und erneuernde Kraft sowie auf die Nähe und Solidarität Gottes mit den Opfern von Gewalt konzentriert.

Dazu gehört, sich über die eigene direkte und indirekte Verantwortung für die Entstehung und Aufrechterhaltung der Gewaltstrukturen klar zu werden und sich aufgrund der eigenen theologischen Überzeugungen am Aufbau gewaltmindernder und gewalthindernder Denkmuster und gesellschaftlicher Strukturen zu beteiligen.

I.3 Öffentliche theologische Gewaltkritik

Damit ist schon der dritte Schritt angesprochen. Kirchen und Theologie sollten ihre theologischen Argumente gegen die Gewalt in die öffentliche Diskussion einbringen. Sie sollten daran erinnern, daß sich der biblisch bezeugte Gott in seiner Identifikation mit seinem geliebten Volk Israel und mit Jesus von Nazareth auf die Seite der Opfer von Gewalt gestellt hat und daß seine Liebe zu den Opfern und zu den Tätern Gewalt kritisiert und überwindet. Wird die von Gott den Frauen geschenkte Würde verletzt, trifft dies nach biblischer Überzeugung auch Gott selbst. Eine christliche Ethik fordert Täter von Gewalt auf, die Würde und das Freiheitsrecht derer wahrzunehmen und zu achten, denen sie Gewalt angetan haben, und die gewohnten Strukturen der Gewalt zu verlassen. Sie ermutigt Frauen, die Gewalt erlitten haben, zur Klage und zum Protest sowie dazu, aus dem Teufelskreis der Gewalt aus- und in ein neues Leben aufzubrechen. Aus christlicher Perspektive sind auch Wissende von Gewalt dazu verpflichtet, die Opfer von Gewalt solidarisch zu unterstützen, und zur Gerechtigkeit und zum Frieden unter allen Menschen und in aller Kreatur beizutragen.

I.4 Der Perspektive von Frauen, die Gewalt erfahren haben, in der theologischen Reflexion Raum geben

Ein weiterer Schritt, mit dem die Theologie der Gewalt gegen Frauen entgegnen kann, besteht darin, die eigenen Überzeugungen und die kirchliche Wirklichkeit so wahrzunehmen, wie es Frauen als Opfer der Gewalt tun. Wenn sie die Gelegenheit haben, sich aus einem Abstand und im geschützten Raum mit ihren häufig traumatisierenden Erfahrungen auseinanderzusetzen, können sie die eigenen Verletzungen und die eigenen möglicherweise auch widerspruchsvollen Verstrickungen in die Tat erkennen, zu denen z.B. Schuldgefühle gehören können. Eine Frau, die Gewalt erlitten hat, kann in einem oft langwierigen und anstrengenden Heilungsprozeß lernen, wie wichtig es ist, ihrem lange geheim gehaltenen Schmerz einen Ausdruck zu geben. Sie muß sich selbst als Opfer, den möglicherweise von ihr geliebten Mann, der ihr die Gewalt zugefügt hat, als Täter und nicht selten andere geliebte Menschen als Verbündete des Täters erkennen.

Solche Perspektiven von Frauen, die Gewalt erfahren haben, in die theologische Reflexion einzubeziehen, bedeutet nicht, sie zu verabsolutieren. Es geht darum, mit ihnen als relevanter Perspektive zu rechnen, und ihnen dasselbe theologische Recht und denselben Raum der Reflexion einzuräumen wie Perspektiven von anderen. Die Perspektive der Opfer läßt uns erkennen, welche theologischen Denkmuster dazu führen (können), Täter in ihren Gewalthandlungen zu rechtfertigen und zu unterstützen, welche den Opferstatus der Frauen festigen (können) und welche dazu beitragen können, Gewalt zu überwinden.

II Drei Beispiele, drei Kommentare

Im Folgenden werden drei pointierte Beispiele für die Ausübung, Duldung, das Nichtsehenwollen und das Verschweigen von Gewalt gegen Frauen aufgeführt, in denen der kirchliche Kontext von besonderer Bedeutung ist.

1. Beispiel

Anna ist Christin ... Vierzehn Jahre kontrollierte Annas Mann durch Beleidigungen, das Vorenthalten von Geld und brutale körperliche Gewalt ihr Leben und schränkte sie massiv ein. Dreimal mußte sie ins Krankenhaus eingeliefert werden ... Folgendes hat Anna mir erzählt: »Angst ist ein Gefühl, das alles andere übertrifft, denn alles ist diesem Gefühl unterworfen. Ich war vor Angst wie gelähmt und nur die Entschlossenheit, meine Kinder zu beschützen, setzte etwas Energie in mir frei, um mich dieser völligen Auflösung meines Ichs schließlich zu entziehen. Viel zu lange hatte ich Degradierungen und Demütigungen akzeptiert. Ich dachte ständig an die Worte des Hochzeitsgottesdienstes: ›In guten und schlechten Zeiten, in Gesundheit und Krankheit.‹ Ich erlebte diese schlechten Zeiten und ich war Teil der Krankheit, und irgendwie schien alles mein Fehler zu sein. Wenn unser Ehegelöbnis von Gott gesegnet worden wäre, wäre mir doch sicher geholfen worden? Mir war nie der Gedanke gekommen, daß in einer christlichen Ehe Mißbrauch herrschen könnte. Ich war eine Versagerin. Und diese Überzeugung steigerte natürlich meine Isolation noch. Wenn man beginnt, sich sein Leben zurückzuholen, fühlt man sich verraten – von Gott, von der Kirche, von der Kommune. Es ist, als habe man dir etwas besonders Romantisches verkauft, und wenn du es aufmachst, ist es widerlich und faulig. Früher erwartete ich, daß die Kirche Antworten auf alle meine Fragen haben würde. Aber jetzt denke ich, daß ich Antworten auf viele der Fragen habe, die die Kirche stellen sollte.«

(Lesley Macdonald, Jetzt schweigen die Frauen nicht mehr. Die Antwort der Kirche auf männliche Gewalt gegen Frauen, Reformierte Kirchenzeitung, RKZ 2, 1998, S. 65-71; S. 65)

2. Beispiel

Mein erster Kontakt mit Inzest möge verdeutlichen, wie nahe richtiges und falsches Handeln in Seelsorge und Beratung beieinander liegen. Es

ist schon 20 Jahre her. Eine meiner Töchter erzählte mir, daß eine ihrer Freundinnen so sonderbare Geschichten über ihren Vater erzählte und ob sie nicht mal mit mir darüber reden könnte. Das geschah. Mein Mann war Pfarrer, und da wir seelsorgerisch richtig handeln wollten, luden wir Vater, Mutter und Tochter zu einem Gespräch ein. Die Tochter erzählte teilweise ihre Seite der Geschichte. Der Vater erschrak und sagte, daß er alles gut gemeint hätte, er wollte nur lieb sein, aber wenn sie es lieber nicht hätte, würde er es nie mehr machen. Die Mutter sagte nichts. Ein guter Verlauf, die Harmonie war wieder hergestellt. Ich hatte etwas richtig gemacht. Ich glaubte der Tochter. Ich hatte etwas falsch gemacht. Ich glaubte dem Vater. Die Familie ging nach Hause. Er schlug erst seine Tochter zusammen und hat danach fünf Jahre lang nicht nur diese Tochter, sondern auch noch zwei andere Kinder mißbraucht. (...) Ich habe nichts gemerkt, und war froh, daß die Harmonie wiederhergestellt war. Meine Meinung über Familie war nicht durch die Wirklichkeit korrigiert worden. Diese Meinung war nicht einfach aus dem Nichts entstanden, sondern durch christliche Tradition, Ausbildung und gesellschaftlichen Status geformt worden.
(Jenny Schneider-von Egten, Zerbrochenes Heil. Sexuelle Gewalt – kein Thema in der christlichen Gemeinde, in: Theologische Wurzeln der Gewalt gegen Frauen, Dokumentation einer Tagung im Frauenstudien- und -bildungszentrum der EKD, Gelnhausen 1996, S. 24-34; S. 26f.)

3. Beispiel
Die Mutter von Christiane nimmt in der Nachkriegszeit einen Prediger aus einer konservativ-christlichen Gruppierung in ihrer Wohnung auf, der das kleine Mädchen mehrmals mißbraucht. Christiane wächst mit dem Bild eines strengen, furchteinflößenden und kontrollierenden Gottes auf. Als erwachsene Frau kann sie die Sexualität mit ihrem Mann kaum genießen, sie ist oft bedrückt und depressiv, sucht nach einem Sinn für ihr Leben. Auf Tagungen lernt sie ein neues, mutmachendes Gottesbild kennen und fängt zugleich an, ihren Gefühlen von Trauer, Zorn und Scham wegen ihrer Kindheitserlebnisse Raum zu geben. Bei einer solchen Tagung bietet ihr einer der Verantwortlichen, ein Pfarrer, seelsorgerische Gespräche an als zusätzliche Hilfe und Unterstützung auf ihrem Weg. Dies nimmt sie an. Es tut ihr gut, daß jemand sich ihr so zuwendet und mit ihr über ihre Erfahrungen und ihre religiösen Fragen reden kann. Seine liberale Theologie und Ethik läßt sie aufat-

men. Nach einigen Terminen schlägt er vor, die heilsame und befreiende Spiritualität nicht nur zu bereden, sondern sie auch körperlich zu erfahren. Anfangs ist sie überwältigt, fühlt sich geliebt und auserwählt und erfährt zum ersten Mal eine lustvolle Beziehung. Dann erfährt sie, daß der Seelsorger ähnliche Beziehungen auch mit anderen Frauen hat. Ihre Euphorie bricht zusammen, es wird ihr klar, daß sie benutzt worden ist. Sie stellt ihn zur Rede, aber er weicht aus, erinnert sie daran, daß sie sich ihm freiwillig hingegeben hat. Der »neue« befreiende Gott erscheint ihr jetzt so unzuverlässig wie der Pfarrer, der »alte« strenge Gott ist wieder präsent, sie quält sich mit Schuldgefühlen und Selbstvorwürfen. Sie wird ernsthaft krank, hat Selbstmordgedanken. Der Pfarrer besucht sie im Krankenhaus, sagt, er bereue sein Handeln, und beschwört sie, niemandem von der sexuellen Beziehung zu erzählen. Sie willigt ein, damit er seinen Arbeitsplatz in der Kirche nicht verliert und um das Ansehen der Kirche in der Öffentlichkeit nicht zu beschädigen. Sie weiß: wenn sie sich an dieses Versprechen hält, wird sie vollends vereinzelt sein, eingeschlossen in eine doppelte Mauer des Schweigens. (mündlicher Bericht)

Kommentar zum 1. Beispiel
Es wird von einer Frau berichtet, die in 14 Ehejahren gewaltförmigen Handlungen ihres Ehemannes ausgesetzt war und diese ertrug. Warum hat sie sich nicht eher gewehrt? Wie ist sie überhaupt an so einen Mann geraten?
Wir haben keine Informationen über die Hintergründe dieses Berichts, darüber wie sich dieses Paar gefunden, was die Partner zur Heirat bewogen hat, über die Vorgeschichte des Mannes, der Frau und unter welchen aktuellen Lebensbedingungen der gute (?) Anfang zum bösen Ende sich wendete
Die Paarforschung hat gezeigt, daß Gewalt häufig in einer ganz bestimmten Paarkonstellation auftritt. Die Männer erwarten von der Frau emotionale Versorgung und Anpassungsbereitschaft und von sich selber Sachlichkeit, Autonomie und die Vorherrschaft in der Paarbeziehung. Ihnen fällt es schwer, Gefühle auszudrücken, insbesondere negative. Außerhalb ihrer häuslichen Beziehung sind sie oft isoliert. In der Kindheit haben sie oft selbst körperliche Gewalt oder Gewalt gegenüber ihren Müttern erlebt. Ihr starkes Bedürfnis nach Nähe und die damit verbundene Angst um den Verlust naher Beziehungen läßt sie leicht zu Verfolgern werden. Die Frauen in

dieser Konstellation orientieren sich typischerweise wie die Männer an traditionellen Rollenbildern. Die Wahl eines emotional bedürftigen, vordergründig chauvinistisch wirkenden Partners soll ihnen ermöglichen, besonders weiblich und anziehend zu bleiben, in der Tochterrolle zu verharren, um zu verführen und sich führen zu lassen. In ihrer Biographie haben sie subtile Formen von Gewalt in einem Klima von Härte und Verwöhnung erlebt. Ihnen ist es kaum möglich, eine eigene Position in der Paarbeziehung zu halten, und klar auszudrücken, was sie wollen und was nicht. Von den Müttern konnten sie das nicht lernen, dem Vater gegenüber bleiben sie in der Rolle des kleinen Mädchens gefangen. Die sprachliche und emotionale Farbigkeit der Frau fasziniert und bedroht den Mann gleichzeitig. Sein eigener Mangel wird ihm vor Augen geführt, er zieht sich in Schweigen oder auf rationale Argumente zurück, was die Frau zu verzweifelter emotionaler Verfolgung bewegt. Wenn sie ihn damit nicht erreicht und sich aus Zorn über seine Blockade affektiv und körperlich von ihm zurückzieht, reagiert er nicht selten ebenfalls mit dem Körper als Machtquelle, durch die er überlegen ist. Typischerweise verlaufen solche Auseinandersetzungen zyklisch: auf einen gewalttätigen Ausbruch folgt eine Phase der Versöhnung, in der das Paar eine intensive Form von Intimität erlebt. »Es scheint, daß diese Versöhnungsrituale viele Frauen davon abhalten, der Gewalt durch Trennung oder das Aufsuchen einer Beratungsstelle ein Ende zu setzen, und daß damit Männern erspart wird, andere als brutale Formen der Auseinandersetzung zu suchen, was ihre Wut gegen sich selbst erhöht.« (*Rosemarie Welter-Enderlin* 1996, S. 97)

Anna führt das Unglück ihrer Ehe sehr stark auf ihre kirchliche Prägung zurück. Auch ihre Partnerwahl wird den ihr vermittelten Ehebildern entsprochen haben: der Mann ist das Haupt, die Frau ist ihm untertan; er liebe die Frau, sie fürchte den Mann (Eph 5, 22.33). Im Traugelöbnis haben beide versprochen, einander wechselseitig zu lieben und zu ehren. Doch daß ihr Mann sich zunehmend deutlicher gegen Gebot und Versprechen verhielt, konnte sie (zu) lange nicht als Unrecht wahrnehmen und sich nicht dagegen wehren. Sie spricht vielmehr von lähmender Angst, die sie allenfalls zum Schutz ihrer Kinder überwinden konnte. Wie kam es zu dieser inneren Blockade des Wahrnehmens, Denkens und Handelns? Vermutlich hat sie als Kind nicht hinreichend lernen können, eigene Wünsche auszudrücken

insbesondere Unmut und Ärger zu äußern, ohne verheerende Folgen befürchten zu müssen. Womöglich hat in ihrer Kinderstube die apostolische Mahnung »Ihr Kinder seid gehorsam euren Eltern«, »ehre Vater und Mutter, auf daß dir's wohlgehe und du lange lebest auf Erden« (Eph 6) eine große Rolle gespielt. Womöglich hat sie auch liebevolle Eltern gehabt, die Spannungen, offenen Ärger und Auseinandersetzungen in der Familie ängstlich zu vermeiden suchten, weil ihnen Versöhnung und Frieden besonders wichtig waren. Ein solches Klima erschwert die Entwicklung von Selbständigkeit und Freiheit und fördert »liebe«, angepaßte Verhaltensbereitschaften, für die jedoch ein hoher Preis gezahlt werden muß: die innere, unbewußte Spaltung zwischen Gut und Böse. Anna sieht sich allein als Versagerin gegenüber Gottes Gebot. Das Gute gehört zu Gottvater und zur Kirche: die christliche Ehe, die der Mensch nicht scheiden soll, in der Mißbrauch nicht sein kann, weil Frauen sich opfern. Das Böse gehört zu ihr, der unwürdigen, nicht gesegneten Tochter. Erlösung aus diesem Zustand gibt es für sie dann nur durch Anpassung, Vergebung und Versöhnung und den Verzicht auf die Auseinandersetzung mit dem anderen über das geschehene Unrecht.
In diesem Fall findet eine schädigende Anpassungsbereitschaft eine kulturelle Stütze durch die christliche Tradition, freilich in subjektiv verzerrtem Verständnis.

Kommentar zum 2. Beispiel
Die Berichterstatterin setzt sich rückblickend selbstkritisch mit ihrem Verhalten als Pfarrfrau auseinander. Wie sie resümierend feststellt, hatte sie sich über die Wirklichkeit getäuscht, sowohl über die Gewaltdynamik in Inzestfamilien als auch über Möglichkeiten und Grenzen eines Seelsorgegesprächs in diesem Fall. Sie führt ihre Fehleinschätzung des Gewaltsystems in der betreffenden Inzestfamilie zurück auf ihre »Meinung über Familie«, abgeleitet aus christlicher Tradition, Ausbildung und gesellschaftlichem Status. Ihr Familienbild war gekennzeichnet durch den Begriff der Harmonie. Sie war überzeugt, daß Verfehlungen durch ein offenes Gespräch, den guten Willen aller Beteiligten und ein Besserungsversprechen wieder gut gemacht werden können. Und sie glaubte schließlich, daß der seelsorgerische Auftrag der Pfarrfamilie darin bestünde, durch ein solches Gespräch das Böse aufzuheben und den Frieden wieder herstellen zu helfen.

Aus der Tätertherapie weiß man, daß Täter wie Süchtige einem inneren Handlungszwang folgend Verantwortung für ihr Handeln nicht übernehmen. Man darf sich deshalb auf momentane Einsicht und Besserungsversprechen nicht verlassen. Täter müssen vielmehr mit ihrem Verhalten hart konfrontiert und daran gehindert werden, es fortzusetzen. Auch die Rolle der Ehefrau ist in diesem Zusammenhang kritisch zu sehen. Wenn sie zu dem, was Tochter und Mann sagen, schweigt, trägt sie als Mitwisserin dazu bei, daß die Wahrheit nicht voll aufgedeckt und der Mißbrauch fortgesetzt wird. Daß sie ihren Mann gegenüber dem Pfarrehepaar nicht auch noch belastet, mag aus konventionellen Gründen naheliegen. Doch vermutlich erfährt sie hier nicht zum ersten Mal, was zwischen Mann und Tochter vorging. So schweigt sie schon länger aus noch anderen Gründen. Es ist außerordentlich schwierig, seelsorgerisch oder beraterisch-therapeutisch mit Inzestfamilien zu sprechen. Thea Bauriedl meint, daß das Gewaltsystem nur aufgebrochen werden kann, wenn es den Helfern gelingt, »das Leid und die Not aller Beteiligten in sich (zu) spüren und mit ihnen zusammen einen Ausweg aus der sich ständig wiederholenden Gewaltszene (zu) suchen«.
Die Pfarrfrau führt ihr falsches seelsorgerisches Verhalten auf ein christlich geprägtes Familienverständnis zurück, in dem der Harmonie ein hoher Wert beigemessen wird. »Seid miteinander freundlich, herzlich und vergebet einer dem anderen, gleich wie Gott euch vergeben hat in Christus« (Eph 4,32) – diese Mahnung an die christliche Gemeinde, die familia Dei (Hebr 3,6), gilt natürlich auch für den Umgang innerhalb christlicher Familien. Und sollte die Seelsorgerin dem erschrockenen Vater nicht vergeben, ihm Umkehr nicht zutrauen? Heißt es nicht im Gleichnis vom verlorenen Schaf: »Also wird auch Freude im Himmel sein über *einen* Sünder, der Buße tut, mehr als über 99 Gerechte, die der Buße nicht bedürfen« (Lk 15,7)? Sie nimmt die Verheißung des neuen Seins und die Ermahnung, schon jetzt daraufhin zu leben, offenbar ernst. Doch läßt sie sich darin auch verführen, die Macht des Bösen (Röm 7) zu leugnen, die noch nicht gebrochen ist. So spaltet auch sie zwischen Gut und Böse, den Kindern des Lichts und den Kindern des Ungehorsams, der Finsternis (Eph 5). Es liegt nahe, daß sie gemäß dem Wort Jesu »Ihr seid das Licht der Welt« (Mt 5, 14) es sich und ihrem Mann zutraut, hier seelsorgerisch einzugreifen, um das Böse zu überwinden. Doch identifiziert mit dem göttlichen Auftrag traut sie sich alles zu, wer-

den die irdischen Kompetenzgrenzen übersehen, wird gar nicht erst überlegt, ob andere professionelle Hilfe passender oder gar notwendig wäre.
Dieses Beispiel zeigt, wie trotz bester Absichten Unglück verlängert wird. Unter der falschen Idealisierung von Friedfertigkeit und Versöhnung wird verdeckte Gewaltdynamik und die Begrenzung eigener Handlungsmöglichkeiten verkannt.

Kommentar zum 3. Beispiel
Christiane hatte eine schwere Kindheit. Vater und Mutter konnten ihr offenbar nicht den notwendigen Schutz geben, so daß sie von einem innerhalb der Wohngemeinschaft lebenden Prediger mißbraucht werden konnte. Sie entwickelte die Vorstellung von Gott als einem strengen, furchteinflößenden und kontrollierenden Mann und nicht die von einer schützenden, haltenden und fürsorglichen Instanz. Offenbar fehlte der Vater oder ein anderer Mann in ihrer Familie, mit dem sie hätte korrigierende Vatererfahrungen machen können. Zweifellos hat sie Sehnsucht nach einem solchen guten Vater. In ihrer ersten Ehe setzt sich unbewußt das alte Schreckensbild durch, eine befriedigende sexuelle Beziehung mit ihrem Mann gelingt nicht. Erst als ihre Gottesvorstellungen korrigiert werden, kann sie aufatmen, und gewinnt ein neues, freieres Verhältnis zu sich selbst und zu Männern. In der Beziehung zu einem liberalen Seelsorger findet sie ihre alte Sehnsucht erfüllt, geliebt und auserwählt zu sein. An Stelle des bösen Predigers und ungenügenden Ehemannes hat sie jetzt endlich den früher abwesenden guten Gott-Vater gefunden. Gleichwohl ist zu fragen, warum sie sich nicht besser geschützt hat, warum sie soviel Hoffnung in diese Beziehung investierte. Die Predigt vom menschenfreundlichen, lebensfördernden Gott der Freiheit hat ihre Sehnsucht nach dem besseren Vater unmittelbar gestützt, so daß sie innerlich in die Position der kleinen, liebesbedürftigen Tochter gegangen sein wird, statt die Rolle der erwachsenen und nach Selbstbestimmung suchenden Frau beizubehalten. Als herauskommt, daß der Pfarrer sie wie andere Frauen sexuell ausbeutet, wird sie retraumatisiert, das alte, böse Gottesbild fixierend verstärkt.
Und der Seelsorger? Er hat sich auf die Fragen dieser Ratsuchenden eingelassen und konnte dadurch zur Erweiterung ihres Gottes- und Selbstbildes beitragen. Er hat jedoch den Charakter der Übertragungsbeziehung verkannt: in ihm wurde der bessere Vater, die Re-

präsentanz des guten Gottes gesucht, nicht aber er selbst als Mann. Er hat sich verantwortungslos und unprofessionell verhalten, indem er die Frau verführte, die spirituelle Beziehung in eine sexuelle verwandelte. Die Berufsethik verbietet ihm zudem die Aufnahme körperlicher, sexueller Beziehungen.

Und doch hat er wiederholt gegen dieses Verbot verstoßen. Er wird zum Täter, indem er die Macht seiner Helferrolle und das Vertrauen und die Bedürftigkeit der Ratsuchenden ausnutzt, wodurch die Frau zum Opfer wird. Er selbst sieht sich nicht als Täter. Als sie ihn zur Rede stellt, bagatellisiert er sein Verhalten, weist sie auf ihre freiwillentliche Tat hin, auf ihre Selbstverantwortung als Erwachsene. Er leugnet, daß sie sich ihm in der Rolle des Seelsorge-Vaters anfänglich mit kindlichem Vertrauen offenbart hatte. Dadurch lernte er ihre Verletzung und Verletzlichkeit kennen. So konnte er sich genau auf ihre Bedürfnisse einstellen, so daß sie immer mehr Vertrauen faßte und schließlich wollte, was er wollte. Diese Schritte einer mehr oder weniger bewußten inneren Strategie führen auch hier wie bei Inzesttätern bis dahin, daß das Opfer zum Schweigen genötigt wird, ja daß das Opfer zum potentiellen Täter wird.

Möglicherweise hat der Seelsorger sich auch noch eine theologische Legitimation seines verbotenen Tuns zurechtgelegt mit dem Gedanken, daß die Liebe Gottes nicht abstrakt, sondern konkret erfahren werden wolle. Mit dieser Rationalisierung täuscht er sich über seine wahren Wünsche und Ängste – (warum kann er nur mit Abhängigen Beziehungen eingehen unter Gefährdung seiner beruflichen Existenz?) – ebenso wie über die Gesetze und Bedingungen seiner beruflichen Situation: die Situation der Ratsuchenden, den Übertragungsauslöser, den er als Geistlicher bietet, der nicht nur für den guten Vater, sondern darüber hinaus für das Heil der Welt steht, die Gültigkeit professioneller und berufsethischer Regeln. Als er später deren Anwendung, nämlich seinen Rausschmiß, befürchten muß, übt er ein weiteres Mal Gewalt aus durch den Hinweis auf den Schutz der Institution in der Öffentlichkeit, mit dem er die Frau zum Schweigen nötigt. Dieses Argument wiegt um so schwerer, als alle Institutionen die Tendenz haben, sich selbst zu erhalten, das heißt, die ihr angehörenden Täter eher zu schützen als deren Opfer.

Der gute, befreiende, sich dem Menschen zuwendende Gott und die für diese Heilsbotschaft verantwortliche und als solche zu schützende Institution bilden in diesem Beispiel das polare Gegenbild zum strengen, kontrollierenden Gott, und damit einen Gedankenzusammenhang, der zur Selbsttäuschung und zu unverantwortlichem und situationsunangemessenem Handeln verführt, ja zur Wiederholung eines alten Gewaltszenariums unter konträrer Ideologie.

Zusammengefaßt: Das erste Beispiel zeigt eine Verführung zur Anpassung, das zweite Beispiel zeigt eine Verführung zu einer Idealbildung, das dritte Beispiel zeigt eine Verführung zu einer Ideologiebildung. Gestützt durch verschiedenste Elemente aus der christlichen Tradition werden in allen drei Fällen aggressive Impulse und Verhaltensweisen nicht als solche wahrgenommen und reflektiert, sondern abgespalten. Dadurch wird gewaltförmiges Handeln ermöglicht, ja gefördert.

Alle drei Beispiele beruhen auf Zeugnissen von Frauen. Ihre Rolle und ihr Erleben konnte deshalb besonders ausführlich kommentiert werden. Dies kann die Täter weder entschuldigen noch die zugefügte Gewalt relativieren. Die Täter sind nicht aus der Verantwortung für ihr Handeln zu entlassen.

Literatur

Allgemeine Literatur zu sexuellem Mißbrauch und Gewalt:

Gabriele Aman/ Rudolf Wipplinger: Sexueller Mißbrauch. Überblick zu Forschung, Beratung und Therapie. Ein Handbuch. DGVT-Verlag, Tübingen 1997

Thea Bauriedl: Die Dynamik des sexuellen Mißbrauches. In KiZ, Berlin 1999, S. 62 – 74

Günther Deegener: Sexueller Mißbrauch: Die Täter. Beltz Pyschologie Verlagsunion, Weinheim 1995

Uwe Heilmann-Geidick/ Hans Schmidt: Betretenes Schweigen. Über den Zusammenhang von Männlichkeit und Gewalt. Mathias Grünewald Verlag, Mainz 1996

Marga Hirsch: Realer Inzest. Psychodynamik des sexuellen Mißbrauchs in der Familie. Springer Verlag Berlin/Heidelberg, 3. Auflage 1994 bzw. Psychosozial-Verlag, Gießen 1999

KiZ – Kind im Zentrum (hg.): Wege aus dem Labyrinth. Erfahrungen mit familienorientierter Arbeit zu sexuellem Mißbrauch. Im Eigenverlag, Evangelisches Jugend- und Fürsorgewerk (EF), Finckensteinallee 23 – 27, 12205 Berlin, Berlin 1999

Hertha Richter-Appelt (Hg.): Verführung – Trauma – Mißbrauch. 1896 – 1996. Psychosozial-Verlag, Gießen 1997

Anne-Marie Schlösser/ Kurt Höhfeld (Hg.): Trauma und Konflikt. Psychosozial-Verlag, Gießen 1998

Christina Thürmer-Rohr: Frauen in Gewaltverhältnissen: Opfer und Mittäterinnen. Zeitschrift für Sexualforschung 2, 1-13, 1998

Rosemarie Welter-Enderlin: Deine Liebe ist nicht meine Liebe. Herder Freiburg 1996, darin »Dominanz und Gewalt in Paarbeziehungen«, S. 89 – 105

Literatur zu Übertragung/ Gegenübertragung und Ausbeutung/ Mißbrauch in Beratungen und Therapien:

Norbert Becker: Zur Übertragungs- und Gegenübertragungsliebe. in: Richter-Appelt (Hg.) 1997

Norbert Becker: Erotisierte Übertragung/ Gegenübertragung. in: B. Strauß (Hg.), Psychotherapie der Sexualstörung. Thieme Verlag, Stuttgart 1998

Marga Hirsch: Zur narzißtischen Dynamik sexueller Beziehungen in der Therapie. in: Forum der Psychoanalyse 1993, S. 303 – 317

Pia Thurmann/ Eva Südbeck-Baur: Zur Problematik der Sexuellen Ausbeutung in seelsorgerlichen Beziehungen. Bern 1997 (Herzogstr. 17 bzw. 23, CH 3014 Bern, Schweiz)

Ursula Wirtz: Seelenmord. Inzest und Therapie. Kreuz Verlag, Freiburg 1989

zak: Erotisch-sexueller Kontakt von Fachleuten in Beratung und Therapie, Basel 1992, (zak-zentrum für agogik, Grundeldinger Straße 173, CH 4053 Basel, 0041/61/ 2613315).

III Biblische Erinnerung

III.1 Die Bibel bezeugt Gewalt gegen Frauen

Die Bibel (Altes und Neues Testament) bezeugt Gewalt, die Menschen angetan wird, und dabei noch einmal in besonderer Weise Gewalt, die Frauen angetan wird. Vorherrschend ist im Alten und Neuen Testament eine patriarchalische Grundstruktur, die den sozialen und rechtlichen Verhältnissen ihrer Entstehungszeiten entspricht, die sie aber auch befördert und ihrerseits bestätigt. Von solcher Gewalt zeugen besonders krass Erzählungen wie die von der Vergewaltigung der Tamar (2.Sam 13), der Dina (1.Mose 34), einer namenlosen Frau (Ri 19), vieler Frauen im Krieg (Ri 21), aber auch Texte, in denen deutlich wird, daß das weibliche Leben weniger zählt als das männliche. Dazu gehören aber auch Texte, in denen erkennbar wird, daß und wie Frauen ihr Subjekt-Sein genommen ist. So gibt es im Alten Testament nur *eine* Frau, von der gesagt wird, daß sie einen Mann *liebt,* nämlich die Saultochter *Michal* (1.Sam 18,20), während Frauen in dieser Hinsicht sonst nicht als Subjekte, sondern als Objekte erscheinen. Daß im Neuen Testament entsprechend gewaltgeladene Erzählungen fehlen, ist nicht so zu werten, als zeige sich hier eine gegenüber dem Alten Testament gewachsene Humanität oder gar Gleichberechtigung zwischen Frauen und Männern, sondern hängt vor allem mit den unterschiedlichen literarischen Gattungen der Texte zusammen. Auch die neutestamentliche Zeit ist patriarchalisch geprägt. Zuweilen verschärfen neutestamentliche Texte patriarchale Elemente. So wird z.B. in 1.Tim 2,12ff. die Unterordnung der Frau unter den Mann mit 1.Mose 2 begründet und dabei der alttestamentliche Text selbst patriarchalisch zugerichtet, wenn etwa *adam* nicht wie in 1.Mose 2 als »Mensch«, sondern – gegen den hebräischen Wortsinn – als »Mann« verstanden wird.

Die Wahrnehmung des in beiden Testamenten herrschenden Patriarchalismus ist notwendig, damit die Thematisierung alttestamentlicher Gewaltzeugnisse nicht zum Stoff der Fortsetzung christlicher Judenfeindschaft oder auch nur der Vorstellung von der angeblichen Überlegenheit der christlichen Ethik gegenüber der jüdischen herhalten kann. Deshalb ist die Feststellung wichtig, daß das Alte Testament für Jesus und die frühen Christinnen und Christen ebenso die Bibel war wie für Jüdinnen und Juden. Dazu gehört aber vor allem die Feststellung, daß die genannten alttestamentlichen Erzählungen, die von unmittelbarer, vor allem sexueller Gewalt gegen Frauen handeln, keineswegs als normative Texte verfaßt oder verstanden wurden. Diese (so nannte sie die Exegetin *Phyllis Trible*) »Texts of Terror« lösten vielmehr bei den ersten Adressatinnen und Adressaten kaum weniger Erschrecken aus als bei späteren und heutigen Leserinnen und (hoffentlich auch) Lesern. Daß biblische, vor allem alttestamentliche Texte Gewalt überhaupt und dabei auch und besonders Gewalt gegen Frauen bezeugen, bedeutet nicht, daß sie sie billigen oder ihnen das letzte Wort lassen. Sie sind *dann* ebenso *Ausdruck* des Elends wie *Protest* gegen das Elend, ebenso Zeugnis der realen Gewalt wie Zeugnis des Versuchs ihrer Überwindung. Das Verschweigen wäre nicht Ausdruck größerer Humanität, sondern geringerer Ehrlichkeit. Nicht zuletzt das Herunterspielen bis Verschweigen der harten Gewalttexte, die in Predigten und Religionsbüchern kaum Erwähnung finden und deshalb oft unbedacht und unbearbeitet bleiben, führte dazu, daß Menschen, die sie eines Tages entdecken, im Erschrecken vor dem zuvor Verschwiegenen und Verdrängten nun zu der Folgerung kommen (müssen), die *ganze* Bibel abzulehnen.

III.2 Lektüre(n)

Die Welt der Bibel ist eine patriarchalische Welt. Das gilt zunächst grundsätzlich. Wo in der Lektüre der Bibel dieser gesellschaftliche und soziale Rahmen überspielt wird, wirken (zumal in einer Zeit, die nicht mehr von offenem, fraglosen Patriarchalismus geprägt ist) bestimmte Zeugnisse um so subtiler. Die Patriarchatskritik darf sich daher nicht auf eine bestimmte Gruppe von Gewalttexten beschränken oder etwa Jesus und das Neue Testament aus dieser Kritik ausnehmen wollen. Die grundsätzliche Feststellung patriarchaler Sozial- und Wertformen macht nun aber aufmerksam für *die* biblischen Linien und Optionen, die dem herrschenden Patriarchalismus nicht folgen. Die (christliche) Lektüregeschichte der Bibel und der gegenwärtige kirchliche Sprachgebrauch hat durch die zusätzliche Unsichtbarmachung von Frauen und von weiblichen Aspekten in der Rede von Gott und Menschen den Patriarchalismus oft fester gezurrt, als er in der Bibel selbst ist. So wurden z.B. die Gleichnisse Jesu oft zu rasch allein auf das Reich Gottes bezogen, so daß die in ihnen zur Sprache kommende Lebenswirklichkeit (nicht zuletzt die von Frauen) nicht eigens in den Blick kam und kommt. So wurde in den (von den Übersetzungskommissionen hinzugefügten) Überschriften biblischer Kapitel und Abschnitte nicht selten die in der Bibel selbst dargestellte Lebenswirklichkeit von Frauen »bürgerlich« uminterpretiert. So wird aus der in Spr 31,10-31 geschilderten selbständig agierenden starken Kauffrau eine »wackere (oder gar: brave) Hausfrau«.

Die im 1. Mosebuch geschilderten Erz*eltern*-Geschichten (in denen Sara und Hagar nicht weniger wichtig sind als Abraham, in denen Rebekka nicht weniger handelt als Isaak und in denen Rahel, Lea und den Mägden Bilha und Silpa und der Dina nicht weniger Aufmerksamkeit zukommt als Jakob und seinen Söhnen) wurden einseitig als Erz*väter-* (oder *Patriarchen-)*Geschichten benannt und gelesen.

Es ist üblich, von den *Betern* der Psalmen zu sprechen. Aber beteten und beten nicht auch Frauen, gab und gibt es nicht auch Beterinnen? Es gibt Psalmen, deren Sprach- und Bildwelt sich in besonderer Weise erschließt, wenn sie als Psalmen einer Beterin gelesen werden und wenn die Gewalterfahrung, von der diese Psalmen handeln, als sexuelle Gewalt gegen Frauen verstanden wird. Ulrike Bail hat in ihrem Buch »Gegen das Schweigen klagen« eine solche Lektüre für Ps 6 und Ps 55 und deren Verknüpfung mit der Erzählung von der Vergewaltigung der Tamar (2. Sam 13) vorgelegt.

Die männliche (androzentrische) Verengung in der Bibellektüre zeigt sich vor allem im Blick auf Gott. Von Gott ist in der Bibel in Bildworten die Rede. Die Rede von Gott als »Vater« oder »König« ist nicht weniger metaphorisch (bildlich) als die von Gott als »feste Burg«, als »Quelle«, als »Fels«, als »Mutter«, als »Henne«, als »Licht«. In der christlichen Frömmigkeitsgeschichte kam es aber dazu, daß bestimmte Gottesprädikate (wie Vater, König, Richter, Herrscher) wie dogmatische Aussagen erscheinen (nicht: Gott ist – auch – *wie* ein Richter, wie ein Vater, sondern: Gott *ist* Richter, Vater ...), andere wie selbstverständlich als Bilder verstanden werden (Fels, Burg, Licht) und wieder andere in Vergessenheit gerieten oder gedrängt wurden (wie Quelle, Henne, Mutter). So erst wurde Gott – gegen das biblische Zeugnis selbst – eindeutig auf das Mann-und-Herrscher-Sein festgelegt. Dazu gehört vor allem die Tradition, anstelle des Gottesnamens das Wort »Herr« zu gebrauchen. Während die jüdische Aussprache des (mit den Konsonanten *j-h-w-h* geschriebenen) Eigennamens Gottes als *Adonaj* eine Wort- und Anredeform ist, die allein und ausschließlich Gott vorbehalten ist, läßt das deutsche Wort »Herr« keinen Unterschied hörbar werden zur Anrede, die jedem deutschen Mann zukommt (aber eben keiner Frau). Nicht zuletzt durch die in Liturgie und Gebet noch vorherrschende Sprache wird Gott auf ein Mann-Sein verkürzt und eine Nähe von Männlichkeit und Göttlichkeit zumindest nahegelegt. Gegen eine solche Festlegung heißt es in 5.Mose 4,16: »daß ihr euch nicht versündigt und euch irgendein Bildnis macht, das gleich sei einem Mann oder Weib ...«, und in Hos 11,9 heißt es: »Denn ich bin Gott und kein Mann«.

Bemerkenswert ist, daß hier das hebräische *isch*, welches »Mann« heißt, in der Lutherbibel mit »Mensch« übersetzt ist, während umgekehrt das Wort *adam*, welches »Mensch« heißt, in der Paradiesgeschichte weithin als »Mann« verstanden wird.

Es könnte scheinen, als entfernten sich derlei sprachliche Beobachtungen vom Thema »Gewalt gegen Frauen«. Aber sie gehören unmittelbar zu diesem Thema, denn die Unsichtbarmachung und sprachliche Abwertung von Frauen und weiblichen Ausdrucksformen kann Gewalt gegen Frauen vorbereiten und ist bereits deren erster Schritt. Deshalb verdienen alle Versuche, in der Sprache der Kirche diese Tendenzen nicht weiter zu führen und – auch in experimentellen Formen – nach Alternativen zu suchen und durch die Überwindung der einseitig männlichen Gottesbezeichnungen die Fülle der biblischen Rede von Gott auszuschöpfen und dazu zuerst einmal *wahr*zunehmen, größte Aufmerksamkeit und Unterstützung, auch und gerade wenn es dabei zu Konflikten mit den Hör- und Sprachgewohnheiten in den Gemeinden kommen kann. Bei dieser Gelegenheit wäre daran zu erinnern, daß sich die Entstehung der Evangelischen (Protestantischen) Kirchen dem Hören auf die »Schrift« auch und gerade gegen kirchlich gewachsene Traditionen verdankt.

III.3 Die Realität von Gewalt gegen Frauen und die Kritik dieser Realität als Thema biblischer Texte

Namentlich im Alten Testament wird in schonungslosem Realismus von der Realität von Gewalt gegen Frauen berichtet. So erschrekkend diese Texte sind, so sehr werden in ihnen die Frauen nicht noch einmal durch das Verschweigen dieser Gewalt entwürdigt. Noch da, wo in der Erzählung Männer scheinbar das letzte Wort haben, indem sie (wie Absalom, der die von ihrem Halbbruder vergewaltigte Tamar auffordert: »Und nun, meine Schwester, schweig! Dein Bruder ist er. Nimm dir diese Sache nicht zu Herzen« 2.Sam 13,20) zum Verschweigen der Untat aufrufen, läßt ihnen das Erzählen selbst das letzte Wort nicht. Und so fordert die Erzählung über das, was sie erzählt, hinaus, nicht zu schweigen, nicht zu verdrängen, nicht zu vergessen. Jeftas Tochter (Ri 11) wird geopfert, weil Jefta es in seiner durch ein Gelübde aufgeblasenen Macht als Vater so will. Anders als zur Rettung Isaaks (1.Mose 22) kommt hier kein Engel. Aber die Erzählung hält die Erinnerung an dieses Opfer männlicher Gewalt fest, wie die Frauen sie festhalten, von deren Gedächtnis zu Ehren der Tochter Jeftas am Ende der Erzählung die Rede ist. Die spätere Überlieferung gibt der in der Bibel namenlosen Frau einen Namen (Sche'ila) und damit Identität und Gedächtnis über den Tod hinaus.

Diese Erzählung steht ebenso im Richterbuch wie die in Ri 19 erzählte von der grauenhaften Vergewaltigung und Zerstückelung einer Frau, die zum Machtobjekt mehrerer Männer wird. In dieser Erzählung selbst und in den auf sie folgenden und aus ihr resultierenden türmt sich Gewalt auf Gewalt. Der Ort dieser Erzählungen im Richterbuch weist darauf hin, daß solche Gewalt die Folge mangelnden Rechts und Rechtsbewußtseins ist. (Für eine solche rechtlose Zeit steht das Richterbuch; es schließt mit den Worten: »... und jeder tat, was ihn recht dünkte.«) Biblische Rechtssätze wollen nicht zuletzt solcher Gewalt wehren. Und so bleiben auch diese Gewalttexte nicht ohne kritischen Kommentar. In 5.Mose 22,26 heißt es über die Vergewaltigung: »Wie ein Mann gegen seinen Nächsten aufsteht und dessen Leben (man kann auch verdeutschen: dessen *Kehle* oder auch dessen *Seele*) tötet (*mordet*), so ist diese Sache.« Hier wird dasselbe Wort gebraucht wie im Tötungsverbot der »Zehn Gebote«. Vergewaltigung ist Mord – auch wenn das Opfer *physisch* überlebt.

Die Bedeutung des Rechts gegenüber solcher und ähnlicher Gewalt zeigt sich im Alten Testament auch darin, daß das Gewaltmonopol der Familienväter gebrochen wird zugunsten des allgemeinen und öffentlichen Rechts. *Frank Crüsemann*, der in seinem Vortrag auf der Gelnhausener Konsultation im Vorfeld und im Zusammenhang der Arbeit an der hier vorgelegten Studie auf die Bedeutung des Rechts für das Thema »Gewalt gegen Frauen« hingewiesen und in seinem Werk »Die Tora« wichtige exegetische Grundlagen auch für diese Fragen erarbeitet hat, macht darauf aufmerksam, daß der Aspekt des Aufbrechens eines scheinbar dem öffentlichen Urteil entzogenen »Privatbereichs« gerade für den Tatbestand der Vergewaltigung in der Ehe von großer Bedeutung ist. Das gilt ebenso für den sexuellen Mißbrauch von Kindern, der ganz überwiegend in der Familie verübt wird, die eben kein »rechtsfreier« Raum sein darf.

III.4 Gott und Gewalt gegen Frauen

Zu den besonders erschreckenden biblischen Texten gehören die, in denen Gott selbst mit sexueller Gewalt gegen Frauen in Verbindung gebracht wird, ja nach dem Zeugnis der Bibel selbst Gewalt ausübt. Daß es sich dabei (jedenfalls vordergründig) nicht um »reale« Frauen handelt, sondern um weibliche Personifizierungen von Städten und Ländern (Hes 16,23 [Israel und Juda als Frauen]; Jer 13,22.26 [Jerusalem]; Hos 2,5-15 [Israel]; Nah 3,5 [Ninive] und im Neuen Testament Off 17-19 [die »Hure Babylon«, hier in der Zuspitzung auf Rom]), nimmt der Gewalt nichts von ihrem Schrecken und ihrer Problematik. Zwar geht es in diesen Texten darum, daß Gottes Gewalt als Gegengewalt gegen Sünde, Hochmut und Macht ins Bild gesetzt wird, aber das kann nicht die Tatsache zum Verschwinden bringen, daß eben Gewalt gegen Frauen ins Bild gesetzt ist bzw. den realen Hintergrund der Bilder abgibt. Solange Frauen vergewaltigt werden, solange Vergewaltigungen von Frauen zum Krieg gehören – wie jede Vergewaltigung weniger als Form von Sexualität denn als Machterweis – , kann der Hinweis auf die Metaphorik den realen Gewaltkern solcher Perspektiven nicht beseitigen.
Im Blick auf diesen Aspekt des Themas ist noch viel zu bedenken und zu bearbeiten. Auch deshalb können hier nur zögernde und vorläufige Überlegungen formuliert sein. Eine erste bezieht sich dar-

auf, daß der biblische Realismus Gott nicht aus der (und nicht aus dieser) Realität herausnehmen kann. Wie in allen Bereichen der sogenannten »Theodizeefrage« (der Frage nach der Rechtfertigung Gottes angesichts des Leidens und der Gewalt in der Welt) könnte Gott nur um den Preis seiner Wirkungslosigkeit (und zu Ende gedacht: seiner Nichtexistenz) wirksam »entschuldigt« werden. Wenn Gott als Herr der *ganzen* Wirklichkeit geglaubt und bekannt wird, so können die dunklen und bösen Seiten der Wirklichkeit nicht unter Absehung von Gott zum Thema werden. Aber ebenso wichtig ist es, Gott nicht mit der Faktizität gleich zu setzen. Nichts, was ist, ist ohne Gott, aber Gott ist nicht identisch mit dem, was ist. Die Realität darf nicht mit der Totalität gleichgesetzt werden. Es kommt darauf an, wahrzunehmen, was ist, und zugleich zuversichtlich zu wissen, daß das, was ist, nicht alles ist. Alles hängt daran, der Realität keine Normativität zuzuerkennen. Es geht um den kleinen und doch so großen Unterschied zwischen dem realitätsbewußten Satz. »So ist es« und dem fatalistischen Satz »So ist es *nun einmal*«. Das gilt auch im Blick auf Gott und sein Handeln. Gott ist nicht identisch mit dem Schicksal, und auf die Bibel gründender Glaube ist das schiere Gegenteil von Fatalismus. Hier wird gerade die Linie der Bibel wichtig, die die Möglichkeit der Frage an Gott, der Klage vor Gott, ja der Anklage Gottes bezeugt. In der Klage werden auch der Zorn über die erlittene Gewalt und die Wut gegenüber den Gewalttätern ihren Ort haben. Gerade wenn Zorn und Wut nicht das letzte Wort behalten sollen, müssen sie zu Wort kommen dürfen. Vor allem aber: Die Klage geht nicht ins Leere (wie wenn man ein Schicksal beklagt); sie hat Gott als Adressaten, und dieser Adressat kann ändern *und* sich ändern. Als Schlußsatz des oben genannten Gelnhausener Vortrags formuliert *Frank Crüsemann*: »daß dieser menschliche Gott ein Gott ist, der, wie es immer wieder heißt, bereuen kann, warum nicht auch manches aus diesem Themenfeld?«

III.5 Klage gegen das Schweigen

Noch einmal soll von Tamar die Rede sein, die von ihrem Halbbruder Amnon vergewaltigt wurde. *Ulrike Bail* hat in ihrem Beitrag bei der genannten Gelnhausener Konsultation, basierend auf ihrem Buch zum Thema, folgendes ausgeführt, das hier in einem längeren Zitat die Bedeutung der Klage ins Gespräch bringen soll – und zwar sowohl im Blick auf die Lektüre und Auslegung biblischer Psalmen als auch im Blick auf deren mögliche gegenwärtige Bedeutung in Gottesdiensten und anderen Orten, an denen die Realität von Gewalt gegen Frauen zu Wort kommen kann, ohne daß es bei den »nackten Tatsachen« bleibt und damit zu einer nochmaligen Entwürdigung der Opfer kommt:

»Die Klagepsalmen können ... die abwesenden und ins Schweigen verbannten Stimmen hörbar vergegenwärtigen. Die protestierenden Aufschreie der Klagepsalmen können verknüpft werden mit den Geschichten der Gewalt gegen Frauen, auch mit der Geschichte Tamars, der vergewaltigten Königstochter.

Wo die Texte der Gewalt schweigen und die Opfer zum Verstummen bringen, sprechen die Klagepsalmen der Einzelnen.

Eine wesentliche Funktion der Klage ist es, für den Schrecken und den Schmerz eine Sprache zu finden. Damit ermöglicht die Klage den Opfern, den Schrecken und die Gewalt zu benennen, und die Mauer des Schweigens kann – wenigstens an einer Stelle – aufgebrochen werden.

Die Texte der Klage sind immer auf der Seite der Opfer, auch auf der Seite der Opfer und Überlebenden sexueller Gewalt. Sie decken die Gewalt auf, benennen sie, machen sie hörbar und entlarven die Täter der Gewalttat und die Strukturen der Gewalt. Wenn man annimmt, daß die Klagepsalmen öffentlich in Gottesdiensten gesprochen wurden, bekommen sie eine politische und theologische Funktion.

Klage bietet einen Ort, an dem der Schrecken ins Wort finden kann in der Gewißheit, daß die Texte der Klage solidarisch sind und keine andere Stimme die Stimme der Opfer verdrängt oder übertönt. Gott, der in den Klagepsalmen als Anwältin der Unterdrückten und Verschwiegenen benannt wird, steht dafür ein. In den Erzählungen der Gewalt gegen Frauen kommt Gott häufig nicht vor (z.B. 2. Sam 13, 1. Mose 34, Ri 19). Indem die Klagepsalmen auch als die Stimmen von Frauen, die sexueller Gewalt ausgesetzt sind, gelesen werden, wird Gott in diese Erzählungen eingebracht. Und so könnte formuliert werden, daß in der Verknüpfung von Vergewaltigung und Klage Gott solidarisch eingeknüpft wird in die alltäglichen und allnächtlichen Erfahrungen der Gewalt gegen Frauen.«

III.6 Voyeurismus, getarnt als Moralismus

Von der nicht nur, aber vor allem von Frauen wahrgenommenen Problematik theologischer Rede vom »Opfer« im Zusammenhang mit »Kreuzestheologie« ist an anderer Stelle die Rede. Hier soll es um einen theologisch weniger verwickelten Aspekt gehen, der gleichwohl im Blick auf gegenwärtige Wahrnehmung und Thematisierung von Gewalt und besonders Gewalt gegen Frauen nicht ohne Bedeutung ist. Abermals geht es um Sprechen und Sprache.

Im Blick auf die biblische Thematisierung von Gewalt gegen Frauen war mehrfach vom Verschweigen bzw. Nichtverschweigen die Rede. Nun begegnet man im Blick auf das Verschweigen als gegenwärtiger Form des (Nicht-) Umgehens mit dem Thema nicht selten dem Einwand, gerade über dieses Thema werde doch in den Medien pausenlos geredet. Das stimmt, aber es ist gerade keine Widerlegung der These vom Verschweigen. Denn es gibt ein Verschweigen durch Geschwätzigkeit. Vor allem aber ist die mediale Präsenz des Themas gekennzeichnet durch den häufig anzutreffenden Gestus der Medien, sich über das zu empören, das sie selbst produzieren. Im Gewand der Empörung aber wird nicht selten ein voyeuristisches Bedürfnis bedient. Man (vermutlich nicht nur »Mann«) *muß* ja genau hinsehen, weil man sich empören muß! Das Angebot befriedigt die Sensationslust und den Reiz der Gewaltdarstellung, und gleichzeitig kann man sich versichern, ein guter (nämlich ein sich gegen die Unmoral empörender Mensch) zu sein.

Das Modell hat eine lange Tradition. In der darstellenden Kunst waren unter den biblischen Motiven besonders die beliebt, die diese beiden Bedürfnisse zu befriedigen wußten. Bilder von Lots Inzest mit seinen Töchtern, Darstellungen der badenden Bathseba oder von Susanna im Bade konnten die Lust am Verbotenen ebenso befriedigen wie den Moralismus. Da war dann z.B. eine Magd zu sehen, die schamhaft ein Tuch zwischen die badende Bathseba und den ganz hinten im Bild von Ferne blickenden David schob – um damit den Anblick der Nackten dem Bildbetrachter nur um so deutlicher zu präsentieren. Da konnte man sich am lüsternen Blick der Alten auf die badende Susanna versichern, daß diese Voyeure böse waren (und von Gott zu Recht bestraft wurden), und der eigene Blick war als Voraussetzung dieser moralischen Empörung ins Recht gesetzt. Gewiß: Für die Maler waren diese Darstellungen auch ein

Mittel, der Zensur zu entgehen (sie malten ja nur biblische und hochmoralische Bilder!). Aber die Grenze zwischen der Freiheit der Kunst und der pornographischen Befriedigung auf Kosten von Frauen ist in vielen Fällen ebenso schwer zu ziehen wie die zwischen der Freiheit der Presse und einem Enthüllungsjournalismus, der Schamlosigkeit als Wahrheitssuche ausgibt. Daß Gewalt zum Unterhaltungsstoff wird, ist weder neu noch auf Gewalt gegen Frauen beschränkt. Und doch kulminiert diese Form der Gewaltdarstellung immer wieder in der Darstellung von Gewalt gegen Frauen. Die Verbindung der Themen *Gewalt gegen Frauen, Sexualität und Religion* bleibt hochexplosiv.

Literatur

Grundlegende Beobachtungen und Reflexionen zum Thema

finden sich in den exegetischen Beiträgen zur Konsultation »Gewalt gegen Frauen – theologische Aspekte », epd-Dokumentation 17/97:

Ulrike Bail: Gewalt gegen Frauen im Ersten Testament. Exegetische und theologische Aspekte, S. 3-7.

Frank Crüsemann: »Wie ein Mann gegen seinen Nächsten aufsteht und dessen Seele tötet, so ist diese Sache« (Dtn 22,26). Das Alte Testament – Wurzel von Gewalt gegen Frauen oder Chance ihrer Überwindung. S. 8-12.

Luise Schottroff: Gewalt gegen Frauen. Die Perspektiven des Neuen Testaments, S. 13 – 16

Gerd Theißen: Neutestamentliche Überlegungen zum Thema Gewalt gegen Frauen, S. 17-28.

Zur feministischen Perspektive auf die Bibel insgesamt sei auf zwei grundlegende Werke verwiesen:

Luise Schottroff/ Marie-Theres Wacker (Hg.): Kompendium Feministische Bibelauslegung, Gütersloh 1998.

Luise Schottroff / Silvia Schroer / Marie-Theres Wacker: Feministische Exegese. Forschungserträge zur Bibel aus der Perspektive von Frauen, Darmstadt (Wiss. Buchgesellschaft) 1995

Zum Thema im engeren Sinne finden sich zentrale Aspekte und jeweils weitere Literaturhinweise in den folgenden Werken:

Ulrike Bail: Gegen das Schweigen klagen. Eine intertextuelle Studie zu den Klagepsalmen Psalm 6 und Psalm 55 und der Erzählung von der Vergewaltigung Tamars, Gütersloh 1998.

Ulrike Bail: Susanna verläßt Hollywood. Eine feministische Auslegung von Daniel 13, in: Ulrike Bail und Renate Jost (Hg.), Gott an den Rändern, Gütersloh 1996, S. 91-98
Walter Dietrich / Christian Link: Die dunklen Seiten Gottes. Willkür und Gewalt, Neukirchen-Vluyn 1995.
Ilse Müllner: Gewalt im Hause Davids. Die Erzählung von Tamar und Amon (2. Sam. 13, 1-22), Freiburg/ Breisgau 1997
Luise Schottroff: Lydias ungeduldige Schwestern. Feministische Sozialgeschichte des frühen Christentums, Gütersloh 1994.
Phyllis Trible: Mein Gott, warum hast du mich vergessen! Frauenschicksale im Alten Testament, Gütersloh 1987.
Marie-Theres Wacker: Figurationen des Weiblichen im Hoseabuch, Freiburg/ Breisgau 1996.

IV Theologische Probleme und Anfragen

Wesentlich für eine theologische Reflexion der Gewalt gegen Frauen ist, Berührungspunkte zwischen überlieferten theologischen Inhalten und Gewalterfahrungen von Frauen zu entdecken und für die Reflexion fruchtbar zu machen. Erst an diesen Berührungspunkten kann die Relevanz einer theologischen Reflexion der Gewalt gegen Frauen deutlich werden.

Das Themenspektrum möglicher vom Zusammenhang des Themas »Gewalt gegen Frauen« betroffener Fragestellungen ist breit, und reicht von der Bevorzugung männlicher Metaphern für Gott bis zur Identifikation Gottes mit den leidenden Gerechten, von der christologischen Nachfolgeethik bis zur Sühnopfervorstellung, von der Aufforderung zur Vergebung bis zur Opferethik des Leibes, von der Sexualität bis zur Frage nach dauerhaftem Zusammenleben in Ehe und Familie.

Nur exemplarisch können hier vier der zentralen Probleme dieses Zusammenhanges angesprochen werden:

1. Herrschaft, Gewalt und Geschlechterdifferenz
2. Die doppelte Last der Frauen: Schuld an der Sünde und Verpflichtung zu freiwilliger Selbstverleugnung in der Nachfolge
3. Jesus Christus als Opfer von Gewalt und seine freiwillige Hingabe
4. Rechtfertigung und Gerechtigkeit, Vergebung und Erneuerung.

Für eine umfassendere Behandlung weiterer Gesichtspunkte einer Reflexion der Gewalt gegen Frauen werden einige Literaturhinweise gegeben. In der wissenschaftlichen Theologie bestehen allerdings noch erhebliche Forschungslücken hinsichtlich der Gesamtthematik.

IV.1 Herrschaft, Gewalt und Geschlechterdifferenz

Frauen und Mädchen, die sexuelle Gewalt erleiden, sind oft in komplexe Machtgefüge eingebunden. Für die Legitimität dieser Macht können Täter frauendiskriminierende Argumente in Anspruch nehmen, die gesellschaftlich und theologisch noch immer wirksam sind. Dazu gehört der Satz, mit dem Gott der Frau in der Vertreibungsgeschichte die Herrschaft des Mannes über die Frau oder nach einigen Auslegungen über das sexuelle Begehren der Frau ankündigt und anordnet: »Nach ihm wirst du verlangen, er aber wird/soll über dich herrschen.« Das hier verwendete hebräische Wort für »herrschen« kann Gewalt einschließen.

Im Text aus dem 5.Kapitel des Epheserbriefs, der als klassischer Text für das Eheverhältnis herangezogen wird und bis in die Gegenwart die Eheliturgie bestimmt, heißt es: »Ihr Frauen, ordnet euch euren Männern unter wie dem Herrn!« Die Unterordnung wird christologisch überhöht und legitimiert: »Denn der Mann ist das Haupt der Frau wie auch Christus das Haupt der Kirche ist«.

Während sich Frauen ihren Männern (wie Gott!) unterordnen und diese fürchten sollen, wie es Untergeordneten gebührt, sollen Männer ihre Frauen lieben, denn, so wird die Anweisung an die Männer begründet, dann lieben sie sich selbst. Sie sollen die Frauen wie ihre eigenen Leiber betrachten, d.h. sie nähren und wärmen. Männer werden verpflichtet, für die ihnen untergeordneten Frauen zu sorgen, Frauen dazu, sich freiwillig und ehrfürchtig unterzuordnen. Macht, Hierarchie und die Chancen eines mündigen und eigenverantwortlichen Lebens mit anderen sind zwischen den Geschlechtern ungleich und statisch verteilt.

Eine theologische Reflexion, die ihren Beitrag zur Überwindung von Gewalt gegen Frauen leisten will, hat (wie jede theologische Reflexion) die doppelte Aufgabe der Dekanonisierung und der Rekanonisierung des christlichen Traditionsbestandes. Sie kann sich selbstkritisch darüber klar werden, daß der Patriarchalismus dieser Texte den Patriarchalismus der Wirklichkeit spiegelt, in dem die Texte entstanden sind, und daß er auch die Geschichte und die Theologie der christlichen Kirche prägt. Daneben kann sie eine andere biblisch bezeugte gewaltkritische Linie aufarbeiten und stark machen, in der das Evangelium von der Liebe Gottes zu allen Menschen und seiner besonderen Zuwendung zu den Schwachen adäquater zum Ausdruck kommt.

Eine Reihe biblischer Weisungen schließt Gewalt im Umgang unter Menschen und unter den Geschlechtern direkt aus. In der Schöpfungsgeschichte wird jeder Frau und jedem Mann die Würde gegeben, Bild Gottes auf Erden zu sein. Nach der Aussage des Paulus im 1.Korintherbrief wird dem Leib jeder Frau und dem Leib jedes Mannes die Bestimmung zugesprochen, Tempel und Wohnung des

göttlichen Geistes zu sein. Gal 3,28 schließt aus, daß in der christlichen Gemeinschaft Differenzierungen nach Ethnien, gesellschaftlichem Status oder Geschlecht ökonomische, politische und soziale Hierarchien oder Gewaltverhältnisse begründen. Darüber hinaus legen viele biblische Texte eine Option für Schwache und Arme nahe. Gewalt unter Menschen prinzipiell und speziell Gewalt gegenüber einer körperlich schwächeren Person ist als Verletzung ihres Körpers, ihrer Seele und ihrer Gottesbildlichkeit und in diesem Sinn zugleich als Verletzung Gottes zu beurteilen. »Wer Gewalt an Frauen übt, zieht Gott in Mitleidenschaft, tut Gott selbst Gewalt an.« (Magdalene Frettlöh in: epd-Dokumentation 17/97, S. 37).
Auch im ersten Gebot läßt sich ein Einspruch gegen die Aussage des Epheserbriefs erkennen. Daß Gott »Gott« ist für die Menschen, die einzige Autorität, der dieser Anspruch zugestanden werden kann, bedeutet, daß alle menschliche Herrschaft von Menschen über Menschen fragwürdig ist und insbesondere gewaltsame Herrschaft von Menschen über andere Menschen, von Männern über Frauen und Mädchen zu verurteilen ist. Daher kann der Glaube an den christlichen Gott Menschen dazu befreien, keine Menschen als ihre »Herren« anzuerkennen. Machtausübung und Autoritätsverhältnisse unter Menschen können Christinnen und Christen nur anerkennen, wenn sie demokratisch als sinnvoll für ein gutes menschliches Zusammenleben begründet sind und wenn sie sozial und individuell einsichtig gemacht werden können. Die körperliche und seelische Integrität, die persönliche Würde und Freiheit der in Machtzusammenhängen Schwächeren müssen jede Beziehung ungleicher Macht begrenzen.
Vielfach bezeugen die biblische und die reformatorische Tradition, daß gerade den gesellschaftlich und körperlich Schwachen (die ja bis heute nicht selten identisch sind!) durch den Geist Gottes Macht gegeben wird, daß sie »ermächtigt« werden, selbst Verantwortung für das soziale und gesellschaftlich strukturierte Leben mit anderen Menschen und mit der nicht-menschlichen Natur zu übernehmen. Als Bilder Gottes bekommen sie den Auftrag zur »Herrschaft« über die Natur, als »Mitarbeiterinnen« und »Mitarbeiter« Gottes (Paulus) sollen sie das Zusammenleben der Geschöpfe mitgestalten, als Geisterfüllte werden Töchter und Söhne, Mägde und Knechte Botinnen und Boten Gottes in der Welt. Die Reformatoren proklamieren die Freiheit der Christenmenschen gegenüber allen ande-

ren Menschen und erwarten, daß alle ihren Beruf erfüllen. Jede Christin soll sich an ihrem, jeder Christ an seinem Platz am Weltregiment beteiligen.
Opfer können sich durch diese Tradition berechtigt sehen, der Gewalt zu widerstehen und ihr eigenes Leben in Freiheit und Verantwortung vor Gott und vor ihren Mitmenschen selbstbestimmt zu gestalten. Potentielle Täter sollten sich aufgefordert sehen, die Achtung der persönlichen Würde und die Freiheit der Frau an die Stelle von Gewalt zu setzen.

IV.2 Die doppelte Last der Frauen: Schuld an der Sünde und Verpflichtung zu freiwilliger Selbstverleugnung in der Nachfolge

Der prinzipiell gegenüber jeder Gewalt gegenüber Menschen kritischen Linie biblisch-christlicher Ethik stehen Ethiktraditionen entgegen, die gegebene patriarchale Strukturen stützen, sowie Traditionen einer Nachfolgeethik, die herrschafts- und gewaltkritisch wirken könnten, wenn sie von denen praktiziert würden, die illegitime gesellschaftliche Herrschaft und die Gewalt ausüben, die aber herrschafts- und gewaltfördernd wirken, wenn sie von denen internalisiert und praktiziert werden, die unter Gewalt leiden.
Seit der Vertreibungsgeschichte verlangt die jüdische und die christliche Ethik Frauen als Strafe für den Sündenfall deutlich mehr ab als Männern. Angefangen von der Herrschaft des Mannes über die Frau und den Schmerzen bei Schwangerschaft und Geburt, die der Frau nach 1.Mose 3 aufgebürdet werden, über den Ersatz der Gottesbildlichkeit durch die Mannesbildlichkeit in 1.Kor 11 bis hin zur Forderung der Zurückhaltung gegenüber Männern und in der Öffentlichkeit, der Demut, des Schweigens, des Schmuckverzichts und der Kindererziehung im 1.Timotheusbrief scheinen die biblischen Weisungen Frauen auf die freiwillige Unterordnung und auf die Opferrolle zu fixieren. Die den Frauen zugemutete größere Verantwortung für das Böse in der Welt und die gesellschaftlich bis heute von Frauen verlangte Anpassung an die weibliche Rolle verstärken die Ausprägung eines weiblichen Schuldbewußtseins.
Diese Last, die die theologische Tradition allen Frauen auferlegt, wird zusätzlich beschwert durch die Tradition einer Nachfolgeethik, in

der freiwillige Selbstaufopferung, Selbstverleugnung, freiwilliges Ertragen von Leiden, Demut und Dienst im Zentrum stehen. Manche christlich sozialisierte Frauen, die Gewalt erleiden, neigen dazu, sich mit Jesus als Opfer zu identifizieren. In ihrem Leiden können sie sich ihm nah fühlen. Dabei verzichten sie auf die Möglichkeit, aktiv gegen das Leiden zu kämpfen. Wichtig für sie wäre, zwischen dem Leiden zu unterscheiden, das sie verändern können, und dem Leiden, das sie nicht verändern können. Aus veränderbaren Leidenssituationen können sich Frauen befreien, dies Leid könnten sie beenden.
Die christliche Ethik der Nachfolge gleicht auffällig der Ethik des als weiblich geltenden Geschlechtscharakters, die besonders im neunzehnten Jahrhundert ihre bis heute wirksame Prägung gewinnt. Seitdem heißt Frausein noch eindeutiger als zuvor: sich hingeben, demütig und zurückhaltend sein, immer zum Opfer bereit sein.
Das kriterienlose Befolgen der Anweisungen zur Selbstverleugnung, zum Dienen und zur Unterordnung der Frauen unter Männer unterstützt Täter im Zufügen von Gewalt und festigt Strukturen, die immer wieder neue Opfer fordern.
In den vergangenen Jahren haben feministisch-theologische Exegetinnen auf die theologisch problematische geschlechtsdifferente Asymmetrie der Nachfolgeethik aufmerksam gemacht. Sie haben

- biblische Hinweise auf mögliche geschlechtsdifferente und patriarchatskritische Akzentuierungen in der Nachfolgeethik herausgearbeitet. So richtet sich beispielsweise die Kritik, in der Nachfolge die Ersten sein zu wollen, dezidiert an männliche Jünger, die eine Rangfolge erstreben. Wenn sich die Praxis derjenigen, die bisher aufgrund ihres Geschlechts an der Spitze der gesellschaftlichen und gemeindlichen Hierarchie stehen, an der Nachfolgeethik orientiert, wird den »anderen«, die aufgrund ihres Geschlechts bisher »unten« waren, zum ersten Mal dasselbe Recht eingeräumt.
- an biblische Weisungen erinnert, die den Imperativen der beschriebenen Nachfolgeethik widersprechen. So bestärkt die Gleichniserzählung in Lk 18 die Witwe, die den Mut hat, ihre eigenen Interessen zu vertreten und ihren Rechtsanspruch gegenüber dem ungerechten Richter und auch gegenüber Gott so hartnäckig einzufordern, bis dieser ihr gibt, was ihr zusteht.
- alle ethischen Einzelweisungen vom Maßstab der Botschaft des Evangeliums her interpretiert, daß Gottes Liebe Frauen wie Män-

ner aus ihren Verstrickungen in Sünde, Gewalt und Schuld, aus ihren Schmerzen und ihren Krankheiten, aus ihren Leiden und Ängsten befreit und ihnen ein neues Leben in gegenseitiger Achtung, Liebe und Solidarität mit den Mitgeschöpfen ermöglicht. Die Freiheit, in die Gott nach 2.Kor 5 alle ruft, darf, kann und soll auch in Anspruch genommen werden.

- gemeinsam mit anderen befreiungstheologischen Ansätzen die biblische Option für Arme, Schwache und Benachteiligte bestätigt, von der auch die Nachfolgeethik zu interpretieren ist.

Eine gegenwärtig theologisch angemessene Ethik in der biblischen Tradition ermutigt Frauen, die Gewalt erlitten haben, ihre passivitätsfördernden Identifizierungen mit dem leidenden Jesus zu beenden und dazu, aus lebensschädigenden Verhältnissen und Beziehungen auszubrechen. Leidenschaftlich protestieren die biblischen Schriften dagegen, daß alles was schlecht ist, so bleiben muß. Sie rufen den Mut biblischer Frauen und Männer in Erinnerung, den Exodus in das gelobte Land zu beginnen, die alten knechtenden Verhältnisse zu verlassen und in eine neue Menschen- und Gottesgemeinschaft aufzubrechen sowie Gottes Zusage, den Schwachen in ihren Befreiungsprozessen beizustehen.

IV.3 Jesus Christus als Opfer

In den Schriften des Neuen Testaments wird Jesus Christus auf vielfältige Weise gedeutet. Im Kontext des Problems der Gewalt gegen Frauen ist besonders relevant, daß er als Opfer dargestellt wird, als ein Gerechter, der um der Liebe willen in Übereinstimmung mit dem Willen Gottes leidet, der Folter und Demütigungen erträgt. Der leidende Jesus kann zum Vorbild, zum Leidensgenossen und Vertrauten von Frauen werden, die Gewalt erleiden. Manche identifizieren sich in ihrem eigenen Leiden mit Jesus, manche ordnen sich dann aber auch in einer Übernahme seiner freiwilligen Unterordnung unter den Willen Gottes Männern unter, die ihnen Gewalt zufügen. In diesem Sinn kann die Vorstellung von Jesus als Opfer Gewaltstrukturen festigen und Opfer in ihrem Opfersein festhalten. Fraglich bleibt, ob und wenn ja, in welcher Weise ein theologisches Nachdenken über Jesus als Opfer dazu beitragen kann, Gewalt zu überwinden.

Um in diesem komplexen Zusammenhang zu möglichst großer Klarheit zu gelangen, wird eine Unterscheidung zwischen drei Aspekten des Opferbegriffs eingeführt, die eine Differenz im Opferbegriff spiegelt, die in vielen Sprachen, nicht aber im deutschen »Opfer« enthalten ist.

Unterschieden wird zwischen dem
Opfer als victim,
Opfer als sacrifice und dem
Opfer als freiwillige Hingabe.

victim	bezeichnet ein Lebewesen, das durch die beabsichtigte oder unbeabsichtigte Gewalttat anderer oder durch eine Naturkatastrophe getötet oder verletzt wird. Das Opfer selbst kommt nur als passives Objekt in den Blick.
sacrifice	meint demgegenüber ursprünglich ein religiöses Opfer, das durch eine besonders geheiligte Person, z.B. einen Priester oder durch gottesfürchtige Menschen aus unterschiedlichen Motiven wie Dank, Lob, der Bitte um Vergebung, Gnade oder Nähe der Gottheit dargebracht wird. Das Opfer kann ein Teil der Ernte oder der Mahlzeit sein, ein Tier, ein der opfernden Person wichtiger Gegenstand. Opfer als »sacrifice« hat einen (höheren) Sinn, der aus der subjektiven Perspektive der Opfernden das Opfer verlangt und dem das Opfer dient. Opfer im Sinn von »sacrifice« ist somit subjektiv und aus der Beobachterperspektive ein »Opfer-für«.
Opfer als Hingabe	meint eine freiwillige Gabe, die eine Person für etwas ihr Wichtiges gibt. Im Extremfall gibt sie ihr Leben hin, um der Wahrheit treu zu bleiben, für die sie einsteht und der sie sich verpflichtet sieht, oder um eine andere Person vor Leiden zu bewahren und dies an ihrer Stelle auf sich zu nehmen.

Obwohl die drei Bedeutungen zu unterscheiden sind, werden sie im alltäglichen Sprachgebrauch häufig miteinander vermischt, dadurch können folgenreiche Mißverständnisse entstehen. In den neutestamentlichen Texten, in denen von Jesus als Opfer die Rede ist, ist nach der je spezifischen Bedeutung zu fragen. Nicht immer wird es möglich sein, aus unterschiedlichen jeweils begründeten Perspektiven einen Konsens darüber zu finden.

In den vergangenen Jahren wurde in der feministischen Diskussion der Begriff des Opfers für die vergewaltigte Frau problematisiert, weil er implizieren könnte, die Frau werde nur als passives Objekt des Gewalttäters betrachtet.

Wenn hier von Frauen als Opfern von sexueller Gewalt die Rede ist und von Männern als Tätern, so werden beide als Subjekte verstanden. Da der Frau jedoch durch die sexuelle Gewalt vom Täter jede Selbstbestimmungsmöglichkeit genommen und ihr Schmerzen und Demütigungen zugefügt werden, kann sie in dieser Hinsicht als Opfer betrachtet werden. Dies steht bei der Reflexion der Gewalt gegen Frauen im Vordergrund, deshalb werden die Begriffe von Opfer und Täter verwendet.

In den Schriften des Neuen Testaments wird Jesus mehrfach als Opfer dargestellt, und zwar zum einen als »victim«, das durch die Gewalt anderer sterben mußte, und zum zweiten als Opfergabe (sacrifice) Gottes, der der Welt seinen Sohn gab, um die Menschen zu retten. Schließlich begegnet er als Mensch, der in Treue zum Weg der Tora und der Liebe, den er begonnen hatte, sein Leben freiwillig hingibt, und mit dem sich Gott identifiziert. Den Jesus Christus als sacrifice und als Hingabe interpretierenden Texten ist gemeinsam, daß sie in seinem Opfersein und in der freiwilligen Hingabe seines Lebens das Heil und die Rettung aller Menschen und der Welt erkennen, insbesondere die Rettung der Menschen aus dem Gericht über ihre Sünden.

Der Hebräerbrief betont, daß Jesus das letzte Opfer für die Sünde war, das durch Gottes Geist dargebracht wurde, und sein Blut allen Erlösung von der Sünde verheißt (Hebr 9,12; 9,26; 10,14; 10,17).
Das Bild des Passahlamms (z.B. Joh 1,29; 1.Kor 5,7) und das des Sühnopfers (Röm 3,25) werden auf Jesus bezogen. Beides bleibt auf dem Hintergrund der Schriften des Alten Testament problematisch. Jüdische Theologie schließt ein kultisches Menschenopfer aus. Auch da, wo wie in 1. Mose 22 Gott ein Menschenopfer fordert, bleibt diese Forderung nicht sein letztes Wort. Vielmehr fällt sich Gott selbst ins Wort. Auch das mit dem Opfer als Hingabe operierende Bild des leidenden Gottesknechts läßt sich nicht bruchlos auf das Individuum Jesus von Nazareth übertragen, denn das Jesajabuch spricht von Israel als kollektiver Größe.
In anderen Texten werden die Heilsbedeutung des Lebens, des Sterbens und der Auferweckung Jesu auch ohne die Opferterminologie und insbesondere ohne die explizit aus dem Alten Testament aufgenommene Sühnopfermetaphorik ausgedrückt. In diesen Texten werden beispielsweise mittels der Metaphorik der Knechtschaft und der Befreiung, des Sterbens und der Wiedergeburt, des Krankseins und der Heilung, der Bundeserneuerung, der Reinigung oder aber ohne weitere Metaphorik das Leben, Sterben und das neue Leben Jesu mit dem Leben, Sterben und dem neuen Leben von Christinnen und Christen verbunden.

Manche opfer- und gewaltkritischen Theologinnen und Theologen sehen einen unüberbrückbaren Widerspruch zwischen dem Gott, der Leben schafft, und dem Gott, der ein Menschenleben als Opfer fordert oder nur akzeptiert. Sie nehmen den historischen Hintergrund der Sühnopfertheologie zur Kenntnis, lehnen es aber aus theologischen Gründen ab, sie in einer heute zu verantwortenden Theologie zu aktualisieren. In ihren Augen ist jedes Opfer ein Opfer zuviel, auch wenn es der Aufrechterhaltung einer guten Ordnung geopfert wird. Sie orientieren sich an biblischen Aussagen, nach denen der barmherzige Gott ohne Tötung Unheils- und Ge-

waltstrukturen überwindet, indem er Menschen Recht und Heilung zuteil werden läßt, denen Unrecht und Gewalt geschah, und indem er solchen, die Gewalt und Unrecht verübt haben, eine Umkehr zutraut und ihnen verzeiht. Damit ermöglicht er eine Erneuerung des Geistes und ein »Fleischlichwerden« der versteinerten Herzen, die sich in Verhaltensänderungen sowie in institutionellen Umstrukturierungen manifestieren.
Gegenüber diesen Positionen kann eine andere gewaltkritische Perspektive in der Rede von Jesus als Opfer schmerzliche, aber auch befreiende Aspekte entdecken.

– Jesus als victim

Die Evangelien nennen in ihren Darstellungen der Geschichte des Lebens Jesu vielfache Gründe dafür, daß Jesus zum victim der römischen Besatzungsmacht Israels wurde. An der Vorgeschichte seiner Tötung waren viele beteiligt, niemand verhinderte dies Opfer, weder seine Freunde und Freundinnen, die ihm folgten, noch die Menge, die forderte, daß Barrabas und nicht Jesus die Todesstrafe erlassen würde. Pilatus schob die Verantwortung für seine Anordnung der Vollstreckung des Todesurteils auf die Menge und wusch seine Hände in Unschuld. Alle Darstellungen der Geschichte Jesu stellen seine Tötung als Skandal dar. Ein Unschuldiger wird mittels eines legalen Verfahrens zum Opfer. Unrecht, Gewalt und Tötung geschehen im Namen der Legalität religiöser Institutionen und der Mehrheit. Auch die, die es für Unrecht halten, verhindern es nicht.
Zwar ist der Gedanke, daß Gott selbst Jesus als victim gefoltert oder getötet hätte, in den Schriften des Neuen Testaments nicht zu finden. Er begegnet in mehreren Kirchenliedern und bei systematischen Theologen noch im 20. Jahrhundert, die Gott beispielsweise als den bezeichnen, der die Nägel ins Kreuz geschlagen hätte, um Jesus daran aufzuhängen. Einige neutestamentliche Texte legen durchaus nahe, daß die Tötung Jesu nach dem Willen Gottes geschah und daß durch sein Leiden und Sterben die Schriften erfüllt werden. Auch wenn Gott so mit der Gewalttat in Verbindung gebracht wird, daß sie seinem Willen entspricht, wird die Tat an keiner Stelle gerechtfertigt. Sie bleibt unmißverständlich Unrecht. Die Menschen, die Jesus quälen und Gewalt antun, sowie diejenigen, die es nicht verhindern, werden als die angesprochen, die für die Tat verantwortlich sind, als die, die den gewaltsamen Tod verschulden.
In Erinnerung an den Skandal dieser Tötung, in der Trauer und dem Erschrecken darüber, daß Jesus zum Opfer menschlicher Gewalttat wurde, richtet sich das Engagement des christlichen Glaubens gegen jedes individuelle, soziale und strukturell bedingte Handeln, in denen Menschen andere zum Opfer von Gewalt machen sowie gegen das schweigende Zulassen dieser Gewalt.

– Jesus als sacrifice

In der theologischen Tradition taucht der Gedanke mehrfach auf, daß ein Opfer einen gerechten Ausgleich bieten kann, wenn durch Unrecht und Gewalttat die Gerechtigkeit einer guten Ordnung des gemeinschaftlichen Lebens verletzt wurde. Gott wird als Garant dieser Ordnung gesehen, weil er auf der Seite derer steht, die Opfer (victim) des Unrechts wurden, die Gewalt ihnen gegenüber ruft seinen Zorn hervor. Indem Menschen die gerechte Ordnung beschädigt, Versprechen und Verabredungen gebrochen und Gewalt und Unrecht verübt haben, indem sie Schutzbedürftige verletzt und Hilfe unter-

lassen haben, haben sie selbst die gute und solidarische Gemeinschaft mit Gott, mit ihren Mitmenschen und mit der nichtmenschlichen Schöpfung zerstört. Sie haben andere zum Opfer (victim) gemacht, ihnen ihr Recht auf körperliche Unversehrtheit oder auf Leben genommen, sie beraubt, betrogen oder auf andere Weise geschädigt und sich damit selbst aus dem durch die gute gemeinschaftliche und gerechte Ordnung regulierten Zusammenleben ausgeschlossen. Wenn die in den Augen aller als gerecht anerkannte Ordnung einseitig gebrochen wird, ist ein Ausgleich erforderlich, der im Sühnopfer geschehen kann. In der ausweglos erscheinenden Situation der Unrechttäter, die ihrem sozialen Tod gleichkommt, bietet Gott ihnen eine unverdiente Chance, die Möglichkeit des Sühnopfers, das in einer kultischen Handlung erfolgt. Sie steht im Zentrum des einmal im Jahr zu feiernden Versöhnungstages, in dem das Volk Israel als Ganzes die Gelegenheit bekommt, das Versöhnungsangebot Gottes anzunehmen. Nach 3. Mose 16 soll ein Ziegenbock geschächtet und ein anderer mit den Sünden beladen in die Wüste geschickt werden. Im Ritual symbolisiert das Tierblut neues Leben für Israel in Gemeinschaft mit Gott und untereinander. Der durch das Sühnopfer ermöglichte Ausgleich ermöglicht Gerechtigkeit. Er verschafft den Opfern Recht und dient der Erneuerung der Gottesbeziehung sowie der Resozialisierung der Täter.
Die Sühnopfermetaphorik wurde aus ihrem ursprünglichen Kontext entfremdet auf Jesus Christus übertragen, der dann als das Opfer gedeutet wird, das die Verletzung der Gerechtigkeit ausgleicht und Gottes durch die Gewalt und das Unrecht erregten Zorn besänftigt. Dieser Gedanke hat in der Liturgie und in den Liedern des christlichen Gottesdienstes bis in die Gegenwart zahlreiche Spuren hinterlassen. Feministische Theologinnen haben wiederholt darauf hingewiesen, daß er das theologische Mißverständnis fördere, Gott bedürfe zur Besänftigung seines Zorns eines Menschenopfers.

– Jesus gibt sein Leben freiwillig hin in Übereinstimmung mit dem Willen Gottes

Die Vorstellung, Gott könnte das Opfer (sacrifice, victim) eines Menschen wollen, eines seiner geliebten Geschöpfe, das er bei seinem Namen gerufen hat, dem er wie den anderen zugesprochen hat, sein Bild zu sein, erscheint aus einer gewalt- und opferkritischen Perspektive als ein Widerspruch in Gott selbst.
Sein Einverständnis mit der Lebenshingabe Jesu kann allenfalls einsichtig werden, wenn vom Sinn der Lebenshingabe her geurteilt wird. Ohne den Gedanken des Sühnopfers läßt sich der Tod Jesu im Rahmen der biblischen Überlieferung auch als Bestätigung und Konsequenz seines Lebens interpretieren.
In den biblischen Texten wird nirgends Gott selbst als der genannt, der das Opfer fordert. Vielmehr ist es nach der Aussage des Hebräerbriefs die (singularische) Sünde oder nach der Aussage mehrerer Evangelien konkrete Täter und Täterinnen von Gewalt und Unrecht, die das Opfer (victim, sacrifice) erfordern, für sie gibt Gott in Jesus Christus sein Leben freiwillig hin. Er läßt zu, daß andere ihn zum Opfer (victim) machen. Die theologische »Notwendigkeit« dieser Hingabe gründet darauf, daß nur so die Menschen und der Kosmos aus der gewalt- und todbringenden Herrschaft der Sünde befreit werden konnten.
Damit stellt sich die Frage nach Gottes Macht. Wie konnte er diesen ungerechten durch Gewalt herbeigeführten Tod zulassen? Hätte er ihn verhindern können? Wie kann er andere Tode durch Gewalt zulassen? War Gott in Jesus Christus ohnmächtig?
Diese schwierige Frage läßt mehrere Denkmöglichkeiten zu. Wichtige theologische Argumente sprechen dafür, daß sie um der Achtung der Freiheit und der Göttlichkeit Gottes willen offen bleiben sollte, daß hier menschliches Fragen nicht zu einer angemessenen Antwort kommen kann.
Eine andere theologische Denkmöglichkeit, als die die folgenden Überlegungen zu verstehen sind, versucht Gott von seiner Liebe aus gedanklich zu fassen. Daß nicht Gott das

Opfer fordert und daß Jesus Christus aus Liebe und um der Rettung der Menschen willen trotzdem sterben mußte, könnte den Schluß nahelegen, daß es von Gott her keinen anderen Weg gab als diesen. Gott hätte diesen Tod zugelassen, weil er aus Liebe zu den Menschen wollte, daß sich Jesus Christus, mit dem er sich identifiziert hat und der nach der Aussage des Johannesevangeliums mit Gott eins ist, abhängig machte vom Tun der Menschen, die Jesu Tod zu verantworten hatten.

Selbst wenn Jesu Leiden und Sterben als Übereinstimmung mit dem Willen Gottes gedeutet werden, bedeutet das nicht, daß Gott aus Lust am Opfer seinen Tod wollte. Gottes *Macht* zeigt sich als freiwillige um der Liebe willen ertragene *Ohnmacht* Jesu während seiner Gefangennahme, seiner Folterung und am Kreuz, und erst in der Auferweckung des gekreuzigten toten Jesus als Sünde und Tod überwindende *Macht*.

Mit dieser Aussage über Macht und Ohnmacht Gottes ist eine Aussage über die Macht der Sünde oder des Bösen verbunden. Die Macht des Bösen wird als so groß vorgestellt und erfahren, daß sie dies Opfer gewaltsam fordern konnte, das kein Mensch zu erbringen in der Lage war. Nur Gott selbst in Jesus Christus war stark genug, anstelle aller Menschen diesen Kampf mit dem Bösen um den Preis der Hingabe seines Lebens zu erbringen. Nach Auskunft neutestamentlicher Schriften hat er diesen Kreuzestod durch die Auferweckung des Gekreuzigten ins Heil der Menschen verwandelt und die Macht der Sünde geschwächt, jedoch noch immer nicht beendet.

– Die Auferweckung Jesu als Gottes Widerspruch gegen das Opfer

Erst mit der Auferstehung bekommt die Lebenshingabe Jesu Christi ihren rettenden heilsamen Sinn. Gottes Auferweckung Jesu zeigt an, daß er keines Todesopfers bedarf, sondern dem, der sein Leben aus Liebe freiwillig für die Menschen gab, neues ewiges Leben schenkt. Gott widerspricht dem Opfer. Er will, daß der, der sterben mußte, lebt. In seiner Auferweckung erkennt der christliche Glaube die Verheißung, daß alle Opfer und alle anderen Menschen leben werden, ein gutes und freies Leben, in dem keine Gewalt mehr sein wird.

Die Aussage im Hebräerbrief, Jesus sei das einzige Opfer für die Sünde gewesen, könnte angesichts dessen, daß täglich und stündlich Frauen und andere Menschen zum Opfer von Gewalt werden und daß immer wieder Menschen gewalttätig werden, als Ignoranz oder als Hohn verstanden werden. Was hilft ihnen die Auferstehung des einen? In welchem Sinn kann die »Einzigkeit« verstanden werden?

Nicht mehr aber auch nicht weniger als dies: Nach der biblischen Überlieferung werden die Lebenshingabe Jesu und seine Auferweckung mit dem einzigartigen Versprechen Gottes verbunden, daß »wenn er wiederkommt« alle leben und aus der Gewalt und der Sünde gerettet sein werden. In der Perspektive des christlichen Glaubens sind die Mächte der Gewalt und der Verhängniszusammenhang der Sünde erst in seiner Person gebrochen. Daran dürfen sich Frauen und Männer, Mädchen und Jungen schon jetzt aufrichten und Kraft gewinnen für ein gutes Leben und für ein Verlassen der tödlichen Gewaltzusammenhänge. Sie dürfen darauf hoffen, daß am Ende der Zeit auch sie am neuen Leben in Fülle partizipieren.

Wird dies ernst genommen, stellt sich die Frage, ob theologisch der Wille Gottes überhaupt dafür beansprucht werden darf, daß Jesus Opfer wurde und dafür, daß in der Vergangenheit, der Gegenwart oder der Zukunft irgend ein Mensch zum Opfer wird. Auch der Gedanke des Johannesevangeliums und des Römerbriefs, daß Gott seinen Sohn zur Rettung der Welt gab, erscheint von daher mißverständlich. Er darf nicht isoliert davon betrachtet werden, daß sich gleichzeitig Jesus selbst in Treue zu seinem Lebensweg freiwillig hingab, und davon, daß die Gabe Gottes Jesu gesamtes Leben, seine Geburt, sein Wirken, sein Sterben und seine Auferstehung einschließt. Gott ist nicht das Subjekt, das ein passives Objekt, seinen Sohn, zum Opfer macht, Jesus nicht ein willenloses Werkzeug Gottes. Gott zeigt sich nicht als der herzlose Vater, der seinen Sohn opfert, sondern der aus Liebe in Jesus Mensch wurde, und sich so mit ihm identifiziert, daß er die Gewalt und die Sünde selbst erleidet, die Jesus zum Opfer (victim) machen.

Es ist nicht möglich, im Rahmen dieses Textes alle weiteren christologischen Fragen zu behandeln, die im Problemzusammenhang der Gewalt gegen Frauen relevant werden. Weder die Theologie der Stellvertretung noch die Kreuzestheologie noch die Eschatologie werden hier umfassend behandelt. Über die angegebene Literatur hinaus ist noch ein erheblicher Forschungsbedarf festzustellen.

Die praktische Relevanz der Vorstellung, Jesus Christus habe sein Leben freiwillig hingegeben, für das Problem der Gewalt gegen Frauen läßt sich an drei Punkten zeigen.

1. Opfer und zuweilen auch Täter sexueller Gewalt erfahren sich in ausweglosen Verstrickungen des Bösen. Der Teufelskreis der Gewalt erscheint geschlossen, die beteiligten Personen, Täter, Opfer und Wissende bestätigen die eingespielten Rollen durch Wiederholung, Schweigen und Akzeptanz.

In einer solchen Situation kann häufig nur die Hilfe einer nicht in die Gewaltzusammenhänge verstrickten Person dem Opfer oder dem Täter einen Anstoß geben, die eigene Befreiung zu suchen und zu versuchen. Mit der Vorstellung des Sühnopfers verbunden oder ohne sie ist an das Leben, das Sterben und die Auferweckung Jesu Christi nach neutestamentlichen Zeugnissen die Verheißung der Kraft gebunden, von diesen Verstrickungen frei zu werden. Die geschädigte Frau wird ermutigt, eigene Schritte ins Offene zu gehen, dem Täter wird die Chance einer Umkehr eingeräumt. Beiden wird eine Veränderung zugetraut.

2. Dafür, daß nach Jesus Christus kein weiteres Opfer für die Sünde und die Gewalt mehr erbracht werden soll, sind in erster Linie die Täter verantwortlich. Dennoch kann die Parteilichkeit Gottes auch Frauen, die Gewalt erlitten haben, stärken, aus ihrem Opfersein auszubrechen. In den Fällen, in denen es Alternativen gibt, die Mut zur Veränderung voraussetzen, sind die Frauen aufgefordert, neue Schritte zu gehen und Situationen vermeidbaren Leidens zu verlassen.

3. Daß Gott das Leben des Gekreuzigten ermöglicht und will, bedeutet für Frauen, die Gewalt erleiden mußten, daß Gott auch ihr

Leben will, und daß er ihr gutes Leben will. Das Lebensverständnis der Bibel beschränkt sich nicht auf ein bloßes Überleben, sondern meint Leben in Fülle, ein gutes Leben mit den anderen Geschöpfen in Freiheit, Frieden, Freude, Liebe und Gerechtigkeit.
Die Überzeugung, daß theologisch kein Opfer (victim) gerechtfertigt sein kann, spricht dafür, daß die Identifikation einer Person, die Gewalt erleiden mußte oder noch immer muß, mit Jesus als Opfer problematisch ist. Sie darf ihn neben sich wissen, ist aber nicht gefordert, sein Leiden zu wiederholen. Gottes Identifikation mit dem Opfer Jesus Christus in dem dreifachen Sinn von victim, sacrifice und Hingabe und vor allem seine Auferweckung können Frauen davon befreien, bei einer einseitigen Identifikation mit Jesus Christus als Opfer im Sinn von sacrifice stehen zu bleiben. Sie ermutigen dazu, aus den Teufelskreisen der Gewalt, aus den Ängsten, Denkmustern und Gewohnheiten der Opferrolle auszusteigen. Nach Paulus hat Christus Menschen zur Freiheit befreit, nicht zum Leiden.
Konkret bedeutet dies, Frauen den Mut zur Trennung zuzusprechen, die wochen-, monate- oder jahrelang in der Wohnung bleiben, in der sie vom Vater der Kinder geschlagen werden, damit ihre Kinder den Vater nicht verlieren. Frauen, die aus Angst vor dem Verlust ihres Arbeitsplatzes und aus Scham sexuelle Belästigungen weiter ertragen, handeln durchaus im Sinn christlicher Ethik, wenn sie wagen, an die Öffentlichkeit zu gehen ebenso wie Frauen, die eine Vergewaltigung anzeigen. Eine ältere Schwester, die weiß oder vermutet, daß der Partner ihrer Mutter ihre jüngere Schwester sexuell mißbraucht, sollte sich immer wieder darum bemühen, mit der Schwester in Kontakt zu bleiben, und ihr beistehen, wenn es darum geht, die Familie zu verlassen.

IV.4 Rechtfertigung und Gerechtigkeit, Vergebung und Erneuerung

In der öffentlichen Diskussion über Vergewaltigung, zuweilen in der Rechtsprechung und häufig in den Worten eines erwachsenen Täters zu einem minderjährigen Opfer sexueller Gewalt erscheint es so, als müsse sich das Opfer dafür rechtfertigen, daß es den Täter zur Tat provoziert habe. Der Rock sei zu kurz, das Verhalten zu

aufreizend, das Lächeln und die Figur zu schön, die Reaktionen auf die Annäherungen des Täters zu animierend.
In der Öffentlichkeit, im privaten Umfeld und noch immer zuweilen bei der polizeilichen Vernehmung und in der Rechtsprechung müssen sich Opfer rechtfertigen, während theologisch die Rechtfertigung aller Menschen durch Gott in Jesus Christus verkündet wird. Es ist die Aufgabe der Theologie, einem Mißverständnis der paulinischen Rechtfertigungstheologie entgegenzutreten. Daß sich Gott im Leben, Sterben und in der Auferweckung Jesu Christi mit allen Menschen versöhnt hat, rechtfertigt nicht die Gewalttaten der Täter, sondern schärft das Unrechtsbewußtsein für jede Gewalt, die Menschen angetan wird. Gott rechtfertigt sündige Menschen so, daß er zugleich den Opfern Recht schafft, indem er die Rechtfertigung der Gewalttaten verweigert. Seine rechtfertigende Gnade gegenüber jedem sündigen Menschen als *die* zentrale Aussage evangelischer Theologie hervorzuheben, ohne die Perspektive der Opfer und ihre Verletzungen zu berücksichtigen, wie es in einer lutherischen Theologie zuweilen geschieht, birgt die Gefahr, die Perspektive der Täter zum dominanten Ausgangspunkt theologischer Erkenntnis zu erheben. Damit würde die Rechtfertigungstheologie verwischt. Zwar läßt sich Gottes rechtfertigende Liebe zu Tätern nicht durch die Maßstäbe juristischer Gerechtigkeit eingrenzen, sie entläßt die Täter aber keineswegs aus ihrer Verantwortung für ihre Gewalttaten und deren Folgen, sondern befähigt und fordert sie zu einem neuen verantwortlichen, gewaltfreien und die Würde der »anderen« achtenden Handeln. Statt ihre Schuld zu verdrängen und zu vergessen, kommt es darauf an, daß sie lernen, sie nicht zu wiederholen und schon den Anfängen zu widerstehen.
Ein weiteres Mißverständnis der Rechtfertigung liegt darin, daß jede christlich glaubende Person ein Recht auf Gottes vergebende Gnade besäße. Wenn Gott sündige Menschen rechtfertigt und ihnen ihre nicht gerechtfertigten schädigenden Taten vergibt, kommt ihnen die Rechtfertigung unverdient, wie ein Geschenk, als freie Gnade Gottes zu. Vergebung kann nur freiwillig gewährt und wie im Vaterunser erbeten, aber gerade nicht eingefordert werden.
Ob Frauen, die Gewalt erlitten haben, den Tätern vergeben können, ist von der möglichen Vergebung Gottes noch einmal zu unterscheiden. Vergebung Gottes und menschliche Vergebung sind zwei Vorgänge, die sich nicht in jedem Fall entsprechen. Frauen,

die Gewalt erlitten haben und nicht vergeben können, schließen Täter nicht von einer möglichen Vergebung Gottes aus. Die Vergebung Gottes jedoch macht die zwischenmenschliche Vergebung nicht überflüssig.
Einige biblische Texte bestätigen die Forderung von Frauen, die Gewalt von Männern erlitten haben, daß Täter ihre Schuld anerkennen müssen, bevor Vergebung ihrerseits möglich wird. Das Benennen der Tat, das Bekennen zu ihr und die Bitte des Täters um Vergebung können die Vergebung davor bewahren, auf der Seite der Täter ins Vergessen umzuschlagen. Daß Täter ihre Tat erinnern, auch wenn sie ihnen vergeben wird, läßt sie am Nicht-Vergessen-Können der Opfer teilhaben und ist eine Voraussetzung dafür, daß sie sich ändern.
Benennen und Bekennen der Gewalt sowie die Bitte um Vergebung auf Seiten der Täter stellen wichtige Schritte im Prozeß der Gewaltüberwindung und der Befreiung aus den Strukturen der Gewalt dar. Sie verlieren jedoch ihre Glaubwürdigkeit, wenn die Täter nicht bereit sind, die Kosten für die Folgen ihrer Gewalt zu übernehmen, so daß die Frauen, die Gewalt erlitten haben, eine Chance bekommen, sich vor der Bedrohung und der Angst sicher(er) zu fühlen und ein freieres Leben beginnen zu können.
Vergebung *unter Menschen* braucht Zeit, und zwar die Zeit derjenigen, die die Gewalt erlitten haben. Ausschließlich sie können über den Rhythmus einzelner Schritte im Prozeß der Vergebung bestimmen. Weder ein familiärer Wunsch nach Harmonie noch der Hinweis auf die von Gott allen angebotene Versöhnung rechtfertigen einen moralischen Druck auf Opfer, doch endlich dem Täter zu verzeihen. Frauen, die sexuelle Gewalt erlitten haben, besonders solche, die minderjährig Opfer wurden, leiden oft lange, wenn nicht lebenslänglich, an den Schuldgefühlen, in die die Täter sie gefesselt haben. Für sie ist es wichtig, daß sie lernen, ihre Schuldgefühle zu überwinden und sich selbst mit ihrer ganzen Geschichte zu akzeptieren. Manchen gelingt dies, indem sie Gottes Perspektive der Liebe auf sich selbst übernehmen, die die ganze unvollkommene und beschädigte Person annimmt und sie in ihrer Einzigartigkeit wertschätzt.
Die Theologie kann sich mit anderen dafür stark machen, daß Frauen, die Gewalt erlitten haben, vor jeglichem Rechtfertigungsdruck geschützt werden, wenn sie nicht vergeben (können).

Wenn Gott einem Täter vergibt und wenn eine Frau, die Gewalt erfahren hat, dem vergeben kann, der sie ihr zugefügt hat, trauen Gott und die Frau dem Täter eine Veränderung seiner Einstellung und seines konkreten Verhaltens zu, sie muten sie ihm aber auch zu und erwarten sie von ihm. Ein Schuldbekenntnis und die erfüllte oder nicht erfüllte Bitte um Vergebung verlangen konkrete Verhaltensänderungen der Lebenspraxis.
Theologisch läßt sich kein Argument dafür anführen, daß Frauen Opfer von Gewalt und Männer Täter von Gewalt sind, sondern nur Argumente dafür, daß Männer nicht Täter und Frauen nicht Opfer bleiben. Es geht darum, daß Männer, die Täter waren oder sind, ein Leben ohne Gewalttaten suchen und führen, daß sie die Würde, die körperliche Unversehrtheit und das Recht auf sexuelle Selbstbestimmung aller Menschen achten, mit denen sie zu tun haben. Es geht darum, daß Frauen, die Opfer waren oder sind, ein selbstbestimmtes, freies und eigenverantwortliches Leben beginnen, und daß Mitwisserinnen und Mitwisser ihr Schweigen brechen, die Gewalt öffentlich machen und den Opfern beistehen. Diese Erneuerungen sind aus der Perspektive des christlichen Glaubens mithilfe der Kraft des Geistes Gottes möglich und not-wendig.

Literatur

Ulrike Bail: Über die Langsamkeit der Vergebung, in Ulrike Eichler/Ilse Müllner (Hg.), Sexuelle Gewalt gegen Mädchen und Frauen als Thema der feministischen Theologie, Gütersloh 1999, S. 99-123.

Jürgen Ebach: Theodizee – Fragen gegen die Antworten. Anmerkungen zur biblischen Erzählung von der »Bildung Isaaks«, in: ders., Gott im Wort. Drei Studien zur biblischen Exegese und Hermeneutik, Neukirchen-Vluyn 1997, S. 1-25.

Ulrike Eichler: Weil der geopferte Mensch nichts ergibt, in: Dies., Sexuelle Gewalt gegen Mädchen und Frauen als Thema der feministischen Theologie, Gütersloh 1999, S. 124-141.

Evangelische Frauenarbeit in Deutschland e.V. (Hg.): Theologische Aspekte der Gewalt gegen Frauen und Mädchen, Frankfurt/M., 1996.

Frauenstudien- und Bildungszentrum der EKD in Zusammenarbeit mit der EFD (Hg.): Werkstatt-Tagung: »Gewalt gegen Frauen«. Religiöse Aspekte des Opferbegriffs, Frankfurt/M., 1998.

Magdalene L. Frettlöh: Braucht Gott Opfer? In: Frank Crüsemann/ Udo Theissmann (Hg.), Ich glaube an den Gott Israels. Fragen und Antworten zu einem Thema, das im christlichen Glaubensbekenntnis fehlt, Gütersloh 1998, S. 48-54.

Magdalene L. Frettlöh: Das Anlitz der Anderen, in: Gewalt gegen Frauen – theologische Aspekte (1). Beiträge zu einer Konsultation im Gelnhausener Frauenstudien- und

Bildungszentrum der EKD, in: epd-Dokumentation 17/97, Frankfurt/M., 1997, S. 35-41.

Ute Grümbel: Abendmahl, Biblische Vorgaben, Erfahrungen und Ansichten, Konsequenzen für die Praxis, in: Lernort Gemeinde 17, 1999, S. 35- 42.

Ute Grümbel: »Für euch gegeben«? Erfahrungen und Ansichten von Frauen und Männern. Anfragen an Theologie und Kirche, Stuttgart 1997.

Wolfgang Huber/Hans Richard Reuter: Der Prozeß der Versöhnung, in: Dies.: Friedensethik, Stuttgart/Berlin/Köln 1990, S. 223-236.

Bernd Janowski: Stellvertretung. Alttestamentliche Studien zu einem theologischen Grundbegriff, Stuttgarter Bibelstudien 165, Stuttgart 1997.

Helga Kuhlmann: »Sie folgten nach und dienten ihm.« Zum Begriff der Nachfolge in der theologischen Ethik, in: EvTh 53 (1993), S. 527-549.

Helga Kuhlmann: Zur Opferkritik der feministischen Theologie, in: Das Opfer. Religionsgeschichtliche, theologische und politische Aspekte, Arnoldshainer Texte 102, Frankfurt/M., 1998, S. 107-130.

V Kirchliches Handeln

Werturteile und Handlungsmuster, die Gewalt gegenüber Frauen begünstigen, sind nach wie vor im kirchlichen bzw. theologischen Denken und Handeln und in den kirchlichen Strukturen wirksam. Es ist deshalb zu fragen, welche kirchlichen Traditionen gewaltfördernde Strukturen verstärken, überkommene Einstellungen bestätigen und bestehende Tabus erhalten. Zum einen bedarf es in diesem Kontext eines neuen und erweiterten Nachdenkens über den kirchlichen Gebrauch des Autoritätsbegriffs, wobei das Gefälle zwischen Frauen und Männern in den kirchlichen Strukturen noch zusätzlich abgestützt wird durch eine Amtstheologie, die traditionell männlich geprägt ist, und Gottesvorstellungen, die männliche Machtausübung bestätigen können. Im theologischen und kirchlichen Verständnis von Sexualität und Ehe kann sich ein dadurch begünstigtes autoritär-männliches Verhalten ebenfalls frauenfeindlich niederschlagen. Zu denken muß geben, daß die von den Männerarbeiten der beiden großen Kirchen durchgeführte Männerstudie ein unerwartet hohes Gewaltpotential gerade bei den eher »traditionellen«, kirchlich sozialisierten Männern feststellt. (Männer im Aufbruch 1998, S. 199 f)
Zum anderen steht eine gezielte Auseinandersetzung mit den Leitbildern und Idealen, die in der Kirche gepflegt werden, an (s. auch die Fallbeispiele). So wird das Bild der Frau regelhaft und in höchst einseitiger Weise mit allgemeinen Harmoniebedürfnissen verbunden, während der Mann nach wie vor im Bild des christlichen Familienoberhauptes idealisiert wird. Das muß zu einer problematischen Rollenzuweisung führen, die wiederum von unterschwelliger Gewalttätigkeit auf der einen, Ohnmachtsgefühlen und verfestigter Opferhaltung auf der anderen Seite bestimmt sein kann. Schließlich ist die in unserer Gesellschaft lange Zeit kirchlich verantwortete religiöse Sozialisation kritisch in den Blick zu nehmen. Bis heute wird Sexualität in einer Weise tabuisiert und werden Rollenklischees so fortgeschrieben, daß ein angemessenes Problembewußtsein nicht entstehen kann. Die Identifizierung derer, die direkt oder strukturell vermittelt Gewalt ausüben, und derer, die Gewalt erleiden, gelingt kaum: sowohl die Täter als auch die Opfer von tendentiell gewalttätigen Grenzüberschreitungen nehmen sich häufig nicht als

solche wahr. Ein Veränderungsprozeß wird damit eher verhindert als gefördert.

Der Autoritätsbegriff, die Leitbilder im Blick auf Frausein und Mannsein sowie Ehe und Familie und die Bewertung der Sexualität können eine gewaltfördernde oder auch eine gewaltmindernde Funktion haben. In vielen gesellschaftlichen Bereichen gibt es zu diesen Fragen inzwischen Erklärungs- und Handlungsansätze oder auch erprobte Konzepte: zur Gewaltprävention in der schulischen und außerschulischen Bildungsarbeit mit Mädchen und Jungen, zu den notwendigen Veränderungen in der Darstellung von Frauen und Männern und der Darstellung von Gewalt in den Medien, zu Opferhilfe und Opferschutz in der Sozialarbeit, zur Arbeit mit Tätern, zur Beratung von Frauen in Krisensituationen und zu den notwendigen Schritten in Gesetzgebung und Strafverfahren. Die Kirche muß diese Ansätze zur Kenntnis nehmen und nach Kräften unterstützen und sie auch für die eigene Diakonie und Sozialarbeit, für die eigene Aus- und Fortbildung und für den eigenen dienst- und arbeitsrechtlichen Umgang mit dem Problem der Gewalt gegen Frauen fruchtbar machen. (vgl. zum Ganzen die »Handlungsansätze und Empfehlungen« in dem Bericht »Gewalt gegen Frauen« an die Synode der EKD 1997 und die Beispiele kirchlichen Engagements in dem Materialheft zu dem Bericht)

Dabei gilt, daß die Institution Kirche und die kirchliche Männerarbeit die Aufgabe der Gewaltprävention in der Kirche nicht an Frauen und die evangelische Frauenarbeit delegieren darf. Machtmißbrauch und Gewalt zerstört nicht nur deren Opfer, sondern auch die – meist männlichen – Täter und die Gemeinschaft von Frauen und Männern in der Kirche (vgl. die im Bericht an die Synode der EKD 1997 genannten Aufgaben für die Männerarbeit). Daß Kirche und Diakonie sich im Bereich Opferhilfe und Opferschutz in vielen Fällen bereits engagieren, dafür sind die Frauenhäuser in evangelischer Trägerschaft oder die Mitternachtsmission und andere evangelische Initiativen für die Arbeit mit von Zwangsprostitution oder von Frauenhandel betroffenen Frauen gute Beispiele.

In allen diesen Bereichen sollte sich die Kirche herausgefordert sehen, ihre Ressourcen der Öffentlichkeitsarbeit zu nutzen und bewußt einzusetzen. Durch kirchlich initiierte oder unterstützte Beiträge in angemessener medialer Gestaltung können z.B. Antigewaltprojekte unterstützt, Bündnisse gegen Gewalt gegen Frauen

gefördert und ethische Grundsätze zukunftsweisend vermittelt werden.
Spezifische Aufgaben für kirchliches Handeln und praktisch-theologische Reflexion finden sich darüberhinaus in folgenden kirchlichen Handlungsfeldern, die hier nur in aller Kürze und exemplarisch angesprochen werden können.

V.1 Verkündigung und Gottesdienst

Während die Themen Krieg und Frieden, Rassismus oder politischer und wirtschaftlicher Machtmißbrauch seit Jahren in Predigten eine wichtige Rolle spielen, werden die Themen Sexismus und Gewalt gegen Frauen erst seit einiger Zeit als Aufgabe kirchlicher Verkündigung gesehen. Predigten, Bibelarbeiten und Andachtsliteratur können aber die verborgenen Hintergründe von Geschlechtergewalt im persönlichen und im überindividuellen Bereich aufdecken, Unrechts- und Verantwortungsbewußtsein schärfen und zur Norm- und Gewissensbildung beitragen. Biblische Texte, in denen von Gewalt gegen Frauen erzählt wird, können dabei als Sprachhilfe für Erfahrungen von Gewalt und als Identifikationsangebot für Frauen wie für Männer hilfreich sein. Frauengruppen aus landeskirchlichen Gleichstellungsstellen und evangelischen Frauenverbänden haben solche und andere für Frauen relevante Texte als Ergänzung der geltenden Perikopenreihen zusammengestellt. Predigten sollten generell nicht nur von »dem Menschen«, sondern differenzierend von Frauen und Männern reden und die sich wandelnden Frauen- und Männerrollen positiv aufnehmen. Sie sollten Frauen – und auch Männern – vermitteln, daß Selbstbewußtsein, Ichstärke, die Fähigkeit zur Abgrenzung und zum Vertrauen in die eigenen Gefühle und die Freude an der Geschlechtlichkeit biblisch und theologisch legitim sind. Sie sollten Männer – und Frauen – ermutigen, tendentiell gewalttätige Wege der Selbstbestätigung und Selbstdurchsetzung zugunsten von gleichwertigen und gegenseitigen Beziehungen, auch im sexuellen Bereich, aufzugeben.
Erfahrene Gewalt und die Versuchung zu gewaltsamem Handeln sollten in gottesdienstlichen Schuldbekenntnissen und Fürbittengebeten angesprochen werden. Dabei muß eine Sprache gefunden werden, die einerseits deutlich macht, daß alle Frauen und Männer der

Gemeinde in der einen oder anderen Weise von Gewalt beschädigt und für Gewalt mitverantwortlich sind, und die andererseits betroffene Frauen in ihrem je eigenen Leid ernstnimmt. Weder dürfen Frauen, als einzelne Betroffene oder als Gruppe, auf den Opferstatus festgelegt werden, noch dürfen, trotz einer eindeutigen Parteinahme für die betroffenen Frauen, Männer auf die Täterrolle festgelegt werden. Eine dem Problem angemessene Sprachform ist die Klage. Die biblischen Klagepsalmen ermöglichen es, Gewalterfahrungen in einer Weise zur Sprache zu bringen, die Gott beim Wort nimmt.
In Taufgottesdiensten können Eltern, Patinnen und Paten und die Taufgemeinde ausdrücklich darauf verpflichtet werden, die körperliche und seelische Unversehrtheit des ihnen anvertrauten Kindes zu achten und zu schützen. Gerade in der Taufe wird deutlich, daß ein Mädchen, ein Junge »ein Kind Gottes« ist, über das Eltern und andere Verantwortliche keine Verfügungsgewalt haben. In Traugottesdiensten kann die Gleichwertigkeit der Eheleute betont werden und die Aufforderung zur gegenseitigen Achtung und Liebe auch im Blick auf den Respekt vor der körperlichen Selbstbestimmung beider Partner konkretisiert werden.
In den letzten Jahren und Jahrzehnten wird zunehmend sorgfältig mit der Sprache und den sprachlichen Bildern in Predigt und Liturgie umgegangen. Frauen sollen nicht länger durch einseitig männliche Formulierungen ausgegrenzt und diskriminiert werden. Frauen und Männer sollten sich nicht länger auf einen ausschließlich männlich dargestellten Gott beziehen müssen. Das Bemühen, die Gleichwertigkeit von Männern und Frauen auch sprachlich zum Ausdruck zu bringen, trifft vielfach auf Ablehnung und Aggression, weil es Männer wie Frauen in Rollen, in denen sie sich eingerichtet haben, verunsichert. Gerade deshalb sollten in Agenden, Gesangbuchliedern, modernen Bibelübersetzungen und anderen kirchlich sprachbildenden Texten Frauen und Männer möglichst gleichwertig benannt werden.

V.2 Religionspädagogik

Die religiöse Sozialisation hat einen wesentlichen Anteil an der Ausbildung von Frauen- und Männerbildern und der Entwicklung der eigenen Geschlechtsrolle. Durch religiöse Erziehung in kirchlicher

Trägerschaft, d.h. in Kindertagesstätten, im Kindergottesdienst, in der Christenlehre, im Religionsunterricht und im Konfirmandenunterricht, hat die Kirche die Möglichkeit, den in die gesellschaftlichen Strukturen eingegangenen gewaltfördernden Traditionen gezielt entgegenzuwirken und einen Beitrag zur Gewaltprävention zu leisten. Mädchen, die ihre eigenen Gefühle erkennen und achten, wissen sich als eigenständige Persönlichkeiten gewürdigt und ernst genommen. Mädchen, die gelernt haben, Erwachsenen gegenüber »nein« zu sagen, sind eher in der Lage, sich sexuellem Mißbrauch durch ihnen nahestehende Personen zu widersetzen.
Die in der Religionspädagogik verwendeten biblischen Geschichten, Lieder und Gebete dürfen deshalb nicht direkt oder indirekt die Aufforderung zu Unterordnung, Selbstverleugnung und Anpassung transportieren. »Wir können Mädchen beibringen, daß auch sie ihren Nächsten lieben sollen wie sich selbst, aber nicht auf Kosten ihrer selbst. ... Mädchen sollten lernen, daß es gesund, normal, menschlich und christlich ist, an die eigenen Wünsche und das eigene Wohlbefinden zu denken und gut für sich selbst zu sorgen.« (Annie Imbens-Fransen, Es ist wohl besser, wenn wir (nicht) darüber reden. Sexuelle Gewalt und religiöse Erziehung, in: Eichler/Müllner, Sexuelle Gewalt, a.a.O. S. 142-168; S. 167). Eine solche religiöse Erziehung ist Voraussetzung dafür, daß Frauen nicht auf Kosten ihrer eigenen körperlichen und seelischen Gesundheit in Gewaltbeziehungen aushalten und daß sie ihren kleinen Töchtern in der Familie ein ermutigendes Vorbild sein können.
In Kindergarten, Schule und kirchlichem Unterricht muß besonderer Wert darauf gelegt werden, daß Mädchen und Jungen zu gleichwertigen Personen erzogen werden und alle in ihnen liegenden Talente und Fähigkeiten entwickelt werden. Religionspädagogische Materialien dazu gibt es in großer Zahl. Es ist eine besondere religionspädagogische Verantwortung, solche Impulse nicht durch eine unreflektierte geschlechtshierarchische Erziehung zu unterlaufen.

V.3 Seelsorge

Die Seelsorge an Opfern und Tätern der Gewalt gegen Frauen erfordert neben der besonderen Sensibilität für die psychische Befindlichkeit derer, die passiv oder aktiv am verletzenden Geschehen Beteiligten sind, auch eine spezifische Wahrnehmungseinstellung. Zunächst ist bei allem seelsorgerischem Handeln grundlegend davon auszugehen, daß ein Mensch all seine geistigen, seelischen und körperlichen Tätigkeiten unter dem Vorzeichen seiner weiblichen oder männlichen Geschlechtlichkeit erlernt, ausübt und lebenslang gestaltet: Insofern ist Geschlechtlichkeit nicht nur eine Eigenschaft unter anderen Eigenschaften. Sie prägt vielmehr ebenso vorgegeben wie persönlichkeitsspezifisch gestaltet das gesamte Erleben und Handeln eines Mannes oder einer Frau.

In Fortschreibung einer heute zeitgemäßen Seelsorge, die sich längst hinsichtlich ihrer unterschiedlichen Anwendungsgebiete und Handlungsfelder spezialisiert hat, sollten auf dieser Basis Seelsorgekonzepte entwickelt werden, die schwerpunktmäßig auf zwischengeschlechtliche Kommunikationsformen ausgerichtet sind. Nur so können die schwerwiegenden Folgen einer tiefgreifenden Verletzung, die die jeweilige Geschlechtlichkeit und damit das Identitätsempfinden betrifft, einer seelsorgerischen Bearbeitung zugeführt werden. Das in diesem Zusammenhang geforderte seelsorgerische Vorgehen wird besonders darauf achten müssen, die persönlichen Konflikte von Ratsuchenden nicht isoliert, sondern in ihrer Einbindung in das soziale Umfeld der Betroffenen zu sehen. Auf diesem Hintergrund ist in spezieller Weise auf die Verknüpfung von körperlichem und seelischem Verletztsein einzugehen (vgl. Michael Klessmann/ Irmhild Libau (Hg.), Leiblichkeit ist das Ende der Werke Gottes, Göttingen 1997). Dabei ist ein neuer und befreiender Umgang mit christlichen Symbolen sowie die Beteiligung an dementsprechend erarbeiteten kirchlichen Ritualen anzustreben. Nur unter dieser Voraussetzung bleibt Seelsorge bei Gewalt gegen Frauen nicht in wirkungslosen Appellen, eine allgemeine »Mitmenschlichkeit« zu leben, stecken. – Dabei sind die Anregungen aus der in Ansätzen vorhandenen feministischen Seelsorge (Aufarbeitung und Neuschreiben der persönlichen und kollektiven Geschichte von Frauen, vgl. Riedel-Pfäfflin/ Strecker, Flügel trotz allem, Gütersloh 1998) aufzunehmen.

Hinsichtlich der Mädchen und Frauen, die sexuelle Gewalt konkret erfahren haben, sind seelsorgerische Vorgehensweisen zu entwickeln, die zu einer gezielten Auseinandersetzung mit jenen einzelnen Elementen führen, die in ihrer Gesamtheit die umfassende Verletzung ausmachen. Bei den Opfern sind in aller Regel tiefsitzende (Bestrafungs- und Verfolgungs-) Ängste sowie das Erleben von Scham, Schuld und Hilflosigkeit zu bearbeiten. Sie sind aufzudecken und in Problembewußtsein zu überführen, um trotz aller weitreichenden Schädigung ein neues Identitätsgefühl bzw. Selbstbewußtsein zu erreichen.

Seelsorgerisches Handeln sollte aber auch die Gewalttäter nicht ausschließen. Hierbei ist aktives Gewaltverhalten auch als Folgeerscheinung von negativen Lebenserfahrungen und ausgebliebenen Entwicklungsschritten zu bearbeiten: Hinter der zerstörerischen männlichen Dominanzhandlung mit all ihren Verletzungsfolgen im seelischen und körperlichen Bereich der Frauen verbergen sich in aller Regel verdeckte Selbstwertzweifel. Sie sind entgegen allen naheliegenden Kränkungsängsten und Abwehrhaltungen einer Auseinandersetzung zuzuführen, die auf die Ermöglichung gewaltfreien Handelns zielt.

Wenn Seelsorge im Falle praktizierter (sexueller) Gewalt an Mädchen und Frauen sowohl die Opfer als auch die Täter erreichen will, schließt ihr Vorgehen eine konstruktive Religionskritik in theologisch verantworteter Weise ein: Religiöse Begründungen können sowohl einer Opfer- wie auch einer Täterhaltung unterlegt werden und in quälende oder lähmende Schuld- und Sühnvorstellungen einmünden. Demgegenüber sucht Seelsorge, das Ziel zu verfolgen, auf der Grundlage eines menschenfreundlichen Glaubens und einer darauf bezogenen systematisch-theologischen Reflexion zunehmend gewaltfreie Beziehungen zwischen Männern und Frauen zu ermöglichen.

V.4 Organisation und Leitung

Auf allen Ebenen und in allen Bereichen kirchlicher Arbeit muß das Problem der Gewalt gegen Frauen thematisiert werden und müssen Verfahrensweisen zum Umgang mit Fällen von Gewalt im Raum der Kirche entwickelt und publik gemacht werden. Menschen, die als Opfer oder Täter von Gewalt betroffen sind und Rat und Hilfe suchen, dürfen nicht noch zusätzlich gegen Tabuschranken und Nichtverstehen, gegen Verschweigen und Verharmlosung ankämpfen müssen. Die Landeskirchen müssen ihre arbeits- und dienstrechtlichen Vorschriften überprüfen, wie sexuelle Gewalt und

sexuelle Belästigung am Arbeitsplatz Kirche sanktioniert wird, welche Möglichkeiten der Anzeigen und Beschwerden und welche Strukturen der Beratung und Begleitung gegeben sind. (Vorbildlich dazu das Papier der Evangelischen Kirche von Westfalen (Hg.), Handreichung zum Umgang mit sexueller Gewalt, Mai 1998, und Evangelische Kirche im Rheinland (Hg.), Abschlußbericht des Runden Tisches »Gewalt gegen Frauen« – Analyse und Empfehlungen für kirchenleitendes Handeln, Mai 1998.) Die kirchlichen Lebensordnungen müssen das Thema aufgreifen und deutlich machen, daß Männer und Frauen, die in einem kirchlichen oder diakonischen Beruf oder Ehrenamt arbeiten, eine besondere Verantwortung haben. Männer, die als Pfarrer, Seelsorger, Therapeuten, Berater, Religionspädagogen, Pfleger, Erzieher, Sozialarbeiter, Erwachsenenbildner, Jugendreferenten tätig sind, müssen sich immer wieder klar machen, daß ihnen ein Vertrauensvorschuß entgegengebracht wird, den sie unter keinen Umständen für einen sexuellen Übergriff mißbrauchen dürfen, auch nicht, wenn die Initiative vordergründig von dem jeweiligen Gegenüber ausgeht.
»Die Kirche ist berufen, ein sicherer Ort zu sein«. Unter diesem Motto engagieren sich viele Gemeinden in den USA und inzwischen auch in Deutschland, um Gewalt gegen Frauen im Raum der Kirche zu verhindern. Das Motto geht zurück auf ein Programm zur Gewaltprävention in der Evangelisch-Lutherischen Kirche in Amerika, initiiert von Joanne Chadwick, der Leiterin der Frauenkommission der ELKA. In Deutschland läuft z.B. in der Evangelischen Landeskirche in Württemberg eine Kampagne, die das Programm »Die Kirche – ein sicherer Ort« unter dem Titel »Verbündete Kirche – Gewalt gegen Frauen und Mädchen wahrnehmen und überwinden« aufnimmt und Aktivitäten in weiteren Landeskirchen anregt.
Eine Kirche, die ein »sicherer Ort« gegen Gewalt sein will, muß als »Zufluchtsort« (sanctuary) erkennbar werden und Sanktionen (sanctions) ergreifen. Nicht zufällig enthalten diese beiden zentralen Begriffe des Programms das Wort »sanctus« – heilig. Kirche ist ein heiliger Ort, weil und soweit in ihr Gottes unbedingter Schutz und Parteinahme für die Schwachen, Verfolgten und Benachteiligten erfahrbar wird. Zu den sicheren Zufluchtsorten sollen nicht nur Frauenhäuser gehören, sondern auch Gottesdienste, Gemeindeveranstaltungen und die Wohnungen von Gemeindegliedern. Sie

müssen ein Zufluchtsort sein, in dem Frauen und Mädchen sicher sein können, keine Gewalt zu erfahren. Zu den Sanktionen gehören nicht nur Disziplinarmaßnahmen und rechtliche Schritte, sondern auch das Bemühen, daß die wirkmächtigen sozialen Sanktionen Scham und Schande die Richtigen treffen. Oft sind es gerade die betroffenen Frauen, die glauben, sich schämen zu müssen, während die Täter auf wortloses Einverständnis und faktische Komplizenschaft rechnen können. (L. Macdonald a.a.O. S. 70f)
Gemeinden, die sich auf dieses Programm öffentlich verpflichten, machen sich z.B. in ihren Gremien und in ihrer Bildungsarbeit über das Ausmaß und die gesellschaftlichen Ursachen von sexueller Gewalt kundig; informieren sich über örtliche Hilfsangebote, Notrufe, Schutzhäuser, Beratungsstellen und verbreiten diese Informationen in ihren Räumen und in ihren Veröffentlichungen; unterstützen diese Hilfseinrichtungen gegenüber staatlichen Sparmaßnahmen oder werden selbst Träger einer Einrichtung; bringen zuständige Stellen und Einrichtungen an einen Tisch; stellen ihre Räume für Selbsthilfegruppen zur Verfügung; bieten qualifizierte Seelsorge, Beratung und Gruppen für von Gewalt betroffene Frauen und Männer an; veröffentlichen Verfahrensweisen und Sanktionsmöglichkeiten gegenüber Mitarbeitern, die sich schuldig machen; machen Gewalt gegen Frauen zum Thema im Gottesdienst.
Neben diesen konkreten Handlungsansätzen sind in einem weiterem Sinne auch die Bemühungen um die Gleichstellung von Frauen und Männern in den Strukturen der Kirche für die Gewaltthematik relevant. Eine gleichwertige und zahlenmäßig ausgewogene Beteiligung von Frauen in kirchlichen Ämtern und Leitungsfunktionen und von Männern in praktischen diakonischen Tätigkeiten und im sozialen Ehrenamt muß langfristig dazu beitragen, daß die Geschlechtshierarchie abgebaut, neue Rollenvorbilder für Männer und Frauen entstehen und die Kommunikations- und Beziehungsfähigkeit zwischen Frauen und Männern eingeübt wird.

Literatur

Carol J. Adams / Marie M. Fortune (Hg.): Violence against Women and Children. A Christian Theological Sourcebook. New York 1995

Joanne Chadwick: Die Kirche – berufen, ein sicherer Ort zu sein, in: Dokumentation der Tagung: Mordskerle. Zur Gewalt im Geschlechterverhältnis, veranstaltet am

12./13.12.1996 in Stuttgart, u.a. von der Frauenbeauftragten und dem Männerwerk der Evangelischen Landeskirche Württemberg, S. 56 – 61.
Martin Dubberke: Mann, Macht, Gewalt und christlicher Bußgedanke im Kontext. Zur Notwendigkeit spezifischer Beratung gewalttätiger Männer in der Evangelischen Kirche, Männerarbeit der Evangelischen Kirche in Berlin-Brandenburg (hg.), Berlin 1997
Ulrike Eichler / Ilse Müllner (Hg.): Sexuelle Gewalt gegen Mädchen und Frauen als Thema der feministischen Theologie, Gütersloh 1999
Aruna Gnanadason: Die Zeit der Schweigens ist vorbei. Kirchen und Gewalt gegen Frauen, Luzern 1993
Petra Heilig: Unser Schweigen wird uns nicht schützen. Zum sexuellen Mißbrauch von Mädchen und Jungen. Ein Arbeitsbuch für Frauengruppen, Klens-Verlag, Düsseldorf 1995
Michael Klessmann / Irmhild Liebau (Hg.): Leiblichkeit ist das Ende der Werke Gottes, Körper – Leib – Praktische Theologie, Göttingen 1997
Lesley Macdonald: Jetzt schweigen die Frauen nicht mehr. Die Antwort der Kirche auf männliche Gewalt gegen Frauen, Reformierte Kirchenzeitung RKZ 2/ 1998, S. 65-71
Ursula Riedel-Pfäfflin / Julia Strecker: Flügel trotz allem. Feministische Seelsorge und Beratung. Konzeption – Methoden – Biographien, Gütersloh 1998
Jutta Wojahn: Gewalt gegen Frauen und Mädchen, in: Kirche wird anders. Unterwegs zu einer Reform der Kirchen. Ökumenische Dekade »Solidarität der Kirchen mit den Frauen« 1988 – 1998, Christine Busch und Brigitte Vielhaus (Hg.), Düsseldorf 1998, S. 111-117
Paul Zulehner / Rainer Volz: Männer im Aufbruch – Wie Deutschlands Männer sich selbst und wie Frauen sie sehen. Ein Forschungsbericht. Männerarbeit der Evangelischen Kirche in Deutschland und Gemeinschaft der Katholischen Männer Deutschlands (hg.), Schwabenverlag, Ostfildern 1998

Mitglieder der vom Rat der EKD berufenen Kommission zur theologischen Reflexion der Gewalt gegen Frauen

Professor Dr. Jürgen Ebach, Bochum

Rose von Essen, Luckenwalde

Professorin Dr. Helga Kuhlmann, Paderborn

Dr. Friedrich-Wilhelm Lindemann, Berlin

Dr. Hildburg Wegener, Frankfurt am Main

Professor Dr. Klaus Winkler, Hannover, *Vorsitzender* (†)

OKRin Petra Fichtmüller, Kirchenamt der EKD, *Geschäftsführung*